Vollwertig kochen mit Pfiff

- ohne tierisches Eiweiß

ISBN: 3-923176-74-0
Copyright 1991: pala-verlag gmbh, 6117 Schaafheim
Alle Rechte vorbehalten
Umschlaggestaltung: Atelier Heine
Umschlagillustration: Regina Eimler
Illustrationen: Ingrid Tölle
Druck: Paderborner Druck Centrum

Vollwertig kochen mit Pfiff ~

ohne tierisches Eiweiß

Inhalt

Liebe Freunde der Vollwertküche,

liebe Leserinnen und Leser,

immer öfter werde ich in meinem vegetarischen Vollwertrestaurant „Salatschüssel" nach Gerichten ohne tierisches Eiweiß oder ohne Milchprodukte gefragt, ein deutliches Zeichen dafür, daß immer mehr Menschen heute unter Allergien leiden, daß immer mehr Menschen von ihren Ärzten empfohlen wird, tierisches Eiweiß in ihrer Ernährung zu reduzieren oder ganz zu meiden.

Dr. Max-Otto Bruker, Lahnstein, weist auf die Zusammenhänge zwischen hohem Konsum an tierischem Eiweiß und ernährungsbedingten Zivilisationskrankheiten hin. Er nennt folgende Krankheitsgruppen:

1. bestimmte Erkrankungen des Bewegungsapparates
2. gewisse Hautkrankheiten
3. Gefäßkrankheiten und Bluthochdruck
4. viele allergische Reaktionen

Bei diesen Krankheiten kann durch Verzicht auf tierisches Eiweiß, je nach Schwere und Stadium der Krankheit, eine deutliche Linderung, Besserung und unter Umständen sogar Heilung erreicht werden.
In seinem Buch *Allergien müssen nicht sein* macht Dr. Bruker deutlich, daß Allergien keine Krankheiten im eigentlichen Sinne sind, sondern nur Symptome einer tieferliegenden Erkrankung, deren Ursache gesucht werden muß und oft in einer fehlerhaften Ernährung zu finden ist. Nach Bruker ist der Verzicht auf tierisches Eiweiß eine Möglichkeit zur Überwindung von allergischen Reaktionen.

Prof. Lothar Wendt stellte bei seinen Untersuchung fest, daß es Eiweiß-Speicherkrankheiten gibt. Bei einem Zuviel an tierischem Eiweiß kommt es zu krankhaften Ablagerungen von Eiweißstoffen auf den Membranen der Blutkapillaren. Dadurch wird im Endstromgebiet der Kapillaren die Versorgung der Gewebe mit Nährstoffen erschwert, die Folge sind Bluthochdruck und erhöhte Blutwerte. Bei Einschränkung des Konsums von tierischem Eiweiß bzw. dem gänzlichen Verzicht darauf, können die Ablagerungen im Gegensatz zu den arteriosklerotischen Ablagerungen in den großen Gefäßen wieder abgebaut werden, Bluthochdruck und Blutwerte normalisieren sich.

Für genauere Informationen hierüber empfehle ich Ihnen die im Literaturverzeichnis aufgeführten Bücher.

Doch es sprechen noch mehr Gründe für die Verringerung von tierischem Eiweiß und tierischen Produkten überhaupt, einige möchte ich kurz erwähnen :

Die Tiere der Reichen fressen das Brot der Armen.
Mit diesem Schlagwort ist das Verhältnis der Länder Europas und Nordamerikas zur Dritten Welt in Bezug auf den in den letzten Jahren und Jahrzehnten immens gestiegenen Fleischkonsum kurz und prägnant umschrieben.
Die Abholzung der Tropenwälder für immer größere Flächen, auf denen Soja in Monokultur angebaut wird, das wir dann unseren Tieren als Mastfutter vorwerfen, verschärft außerdem die Gefahr einer Klimakatastrophe.

Viele Menschen sind nicht mehr bereit, Nahrungsmittel zu konsumieren, für die unsere leidensfähigen Mitgeschöpfe, die Tiere, zuerst in der Massenhaltung gequält und anschließend auf dem Fließband getötet werden.

Anderen gibt der Ausspruch Tolstois „Solange es Schlachthöfe gibt, wird es auch Schlachtfelder geben" zu denken, sie verzichten auf Fleisch. Viele Menschen, die sogenannten *Veganer* essen darüberhinaus auch keine Eier und keine Milchprodukte, manche verzichten gar auf Honig, weil auch dieser ein tierisches Produkt ist.

Für Veganer ist eine Vielzahl meiner Rezepte gut geeignet, sie sind im Index mit einem Sternchen gekennzeichnet, bei anderen Gerichten kann ohne weiteres auf Butter oder Sahne verzichtet werden, oder es sind Alternativen angegeben, wodurch sie ersetzt werden können. „Butter und Sahne?", mögen sich da einige von Ihnen verdutzt fragen. Sie sind ebenso wie ich bei meinem ersten Kochkurs über diese Begriffe gestolpert, denn Butter und Sahne sind tierische Produkte, und sie enthalten auch Eiweiß.

Steht die Verwendung von Butter und Sahne denn nicht im Widerspruch zu einer Ernährung ohne tierisches Eiweiß? Eigentlich schon, aber Butter und Sahne werden aus dem Fettanteil der Milch gewonnen und haben daher einen ganz geringen Eiweißanteil, Butter enthält lediglich *0,5%* Eiweiß, Sahne *2,5%*.

Butter und Sahne finden in den meisten meiner Rezepte nur in kleinen Mengen Verwendung, daher sind sie auch für die tierisch-eiweißfreie Ernährung geeignet. Nur bei schweren Erkrankungen, wie z.b. Neurodermitis, sollte zunächst konsequent auch auf Butter und Sahne verzichtet werden, später kann man testen, ob der Verzehr möglich ist.

War das eine lange Vorrede, und das Wichtigste fehlt noch! Daß man mit tierisch-eiweißfreier Ernährung überleben kann, bezweifeln nur wenige, aber kostet eine solche Ernährungsweise nicht ein großes Stück Lebensqualität?

Nun, auf den nächsten Seiten möchte ich Ihnen beweisen, wieviel Genuß in dieser Ernährungsform steckt. Lassen Sie sich überraschen.
In diesem Sinne wünsche ich Ihnen viel Spaß und Erfolg beim Kochen und viel Genuß beim Essen.

Ihr

Herbert Walker

HINWEISE

Um Ihnen und mir Zeit und Geld zu sparen und um möglichst viele leckere Rezepte in diesem Buch unterzubringen, hier noch einige allgemein gültige Hinweise.

Wenn im folgenden von Mehl die Rede ist, meine ich immer das Mehl aus dem vollen Korn, möglichst erst kurz vor der Zubereitung der Speisen in der eigenen Mühle gemahlen. Ich halte eine eigene Haushaltsgetreidemühle für ein **Muß**, wenn man vollwertig kochen und backen will. Für den Anfang kann man sich das Mehl aber auch in Naturkostläden oder Reformhäusern mahlen lassen und dann möglichst bald aufbrauchen.

Daß Obst und Gemüse zuerst geputzt oder gewaschen werden muß, halte ich für so selbstverständlich, daß dies nicht immer wieder aufs neue gesagt werden muß und immer wieder Platz kostet.
Wir schälen Obst und Gemüse nur, wenn es unbedingt notwendig ist, z.B. bei Südfrüchten. Nicht geschält werden Möhren, rote Bete, Gurken, Zucchini, Äpfel und Birnen. Kartoffeln werden immer in der Schale gekocht und *dann* gepellt, wenn überhaupt. Die Begründung ist einfach, in und direkt unter der Schale sitzen besonders viele wertvolle Bestandteile.

Sie sollten immer Getreide, Gemüse und Obst aus kontrolliert biologischem Anbau wählen, bei uns geben folgende Anbauverbände die nötige Sicherheit:
Bioland, Demeter, Naturland, Biokreis Ostbayern, ANOG.
Für ausländische Waren sind in der IFOAM ähnliche Verbände zusammengeschlossen.

Bei der Herstellung der Gerichte sollte man Gemüse und Obst der Jahreszeit verwenden, einheimisches ist vorzuziehen, also keine Erdbeeren oder Kopfsalat zu Weihnachten.

Auszugsmehle und alle Fabrikzuckerarten - dazu gehören auch Obstdicksäfte und Sirupe - haben in der Vollwertküche nichts zu suchen. Ich halte auch die Behauptung, mit diesen Produkten ließe sich besser backen, für nicht richtig.

Wir süßen in der Vollwertküche mit kaltgeschleudertem Honig oder mit Obst, gut eignen sich hierfür Bananen. Auch bei Bananen sollte Sie möglichst biologische Früchte kaufen, die im konventionellen Handel angebotenen sind stark gespritzt und der niedrige Preis geht zu Lasten der Bevölkerung in den Anbauländern.

Menschen, die sich streng vegan ernähren, also auch keinen Honig essen, müssen unter Verzicht auf Vollwertigkeit auf Obstdicksäfte zurückgreifen.

Bei Fetten und Ölen sollte man nur naturbelassene Fette und kaltgepreßte Öle verwenden, von allen raffinierten und gehärteten Fetten ist abzuraten.

Alle Rezepte sind, falls nichts anderes erwähnt ist, für 4 Personen vorgesehen.

Nun geht es aber wirklich und wahrhaftig los und wie bei fast jedem Kochbuch über Vollwerternährung mit dem zentralen Bestandteil dieser Ernährungsform, den Frischkorngerichten nach Kollath und Bruker.

FRISCHKORNGERICHTE

Es ist nicht entscheidend, *wann* Sie dieses Gericht zu sich nehmen, ob süß zum Frühstück oder als Dessert, ob pikant als Vorspeise oder zum Abendessen, wichtig ist allein, daß man regelmäßig mindestens 3 Eßlöffel Frischkorn ißt.
Ich esse Frischkorngerichte, weil sie mir besonders gut schmecken. Daß sie außerdem gesund sind, ist ihr besonderer Vorzug.

Wenn Sie die verschiedenen Getreidearten wie Dinkel, Weizen, Roggen, Gerste, Hafer, Hirse und Buchweizen mal einzeln, mal unterschiedlich gemischt verwenden, die Obst- und Gemüsesorten der Jahreszeit entsprechend berücksichtigen, den Feinheitsgrad des Schrotes und die Einweichzeit variieren, mal flüssige oder geschlagene süße Sahne, mal saure Sahne oder auch keines von beidem verwenden und auch mal gekeimtes oder geflocktes Getreide wählen, wird deutlich, wie abwechslungsreich dieses einfache Gericht sein kann, bei so vielen Abwechslungsmöglichkeiten können Frischkorngerichte einfach nicht langweilig werden.

Süßes Frischkorngericht (1 Person)

60 g Getreide	gemischt oder einzelne Sorten schroten und in
kaltem Leitungswasser	einweichen, die Dauer hängt von dem Feinheitsgrad des Schrotes und der gewünschten Weichheit ab (ca. 5-8 Stunden).
1 Banane	zerdrücken oder pürieren,
1 Apfel	fein reiben,
Obst der Jahreszeit	kleinschneiden, alles durchmischen.
2-3 EL Sahne	Wer will und darf, kann noch mit flüssig oder geschlagen, süß oder sauer, verfeinern, dann kann man auf die Banane verzichten.

● TIP:
Bei Buchweizen sollten Sie immer die ganzen Körner nehmen, weichen Sie sie am Abend mit ein, oder streuen Sie sie am Morgen über das fertige Frischkorngericht.

Süßes gekeimtes Frischkorngericht

(1 Person)

60 g Getreidekörner	einige Stunden in Wasser einweichen, dann Wasser abgießen, in Keimbox mit Wasser übergießen, tagsüber ohne Wasser stehenlassen, abends wieder begießen, mehrmals wiederholen. Nach 2-4 Tagen, je nach Getreide, bilden sich die Keime, und das Getreide kann zu Frischkorngerichten und Salaten verwendet werden.
Banane, Apfel, Obst	zerkleinern und alles durchmischen.
Sahne	kann ebenfalls zugegeben werden.

Für alle, die Süßes nicht so mögen, folgen nun die nicht minder schmackhaften pikanten Varianten.

Rohkostgetreidegericht (1 Person)

60 g Getreide	schroten und einweichen, wie zuvor,
1 Möhre	grob raspeln,
5 cm Lauchstange	sehr fein schneiden, mit
Kräutersalz, Pfeffer	
1 TL Zitronensaft	
1-2 EL Öl	gut vermischen und über das Getreide und Gemüse gießen.

Gekeimtes Rohkostgericht (1 Person)

60 g Getreide	wie auf Seite 15 beschrieben keimen lassen.
1 kleinen Apfel	fein reiben,
1 kleine rote Bete	fein raspeln.
Kräutersalz, Pfeffer	
1 TL Zitronensaft	
1-2 EL Öl	gut vermischen und übergießen.

Statt Zitronensaft und Öl kann man auch saure Sahne verwenden. Natürlich lassen sich auch andere Gemüsesorten wie Sellerie oder Kohlrabi verarbeiten.

Nicht mehr ganz so vollwertig, da etwas erhitzt, aber köstlich sind die knusprigen Getreidegerichte, Sahne kann, muß aber nicht beigegeben werden.

Süßes Knuspergetreide (1 Person)

60 g Getreide	zu Flocken quetschen oder grob schroten, in einer Pfanne ohne Fett erhitzen, bis das Getreide zu duften anfängt, dann von der Platte nehmen,
1-2 TL Honig	zugeben, alles verühren, bis die Flocken einen leichten Honigüberzug haben.
Obst der Jahreszeit	kleinschneiden, mit dem Knuspergetreide vermischen. Wer will kann
Obstsaft oder Sahne	zugeben.

Pikantes Knuspergetreide (1 Person)

30 g Hafer	quetschen oder grob schroten, mit
30 g Buchweizen	vermischen, in der Pfanne mit
Öl (oder Butter)	und
1 TL körniger Gemüse-	
brühe	anbraten, gut durchmischen.
1-2 Möhren	raspeln, mit
1 TL Zitronensaft,	
1 EL ÖL, Kräutersalz	übergießen, durchziehen lassen.
	Man kann auch saure Sahne verwenden.

● TIP:
Das Knuspergetreide kann man auch für einige Tage auf Vorrat zubereiten, wobei die süße Variante etwas länger haltbar ist.

Braten Sie einmal nur Buchweizenkörner in Öl oder Butter an, würzen Sie mit körniger Gemüsebrühe, und streuen Sie die Körner über Aufläufe, Spätzle, Salate usw. Bei mir in der Küche müssen wir immer aufpassen, daß wir nicht schon während des Kochens den Buchweizen aufessen und wir dann zuwenig zum Garnieren haben. Es schmeckt immer nach Mehr.

Ein erheblicher Teil der täglichen Ernährung sollte aus Frischkost, also unerhitzten Lebensmitteln bestehen. Mindestens ein Drittel wäre gut, deshalb bleiben wir zunächst noch dabei und kommen zu Salaten und Rohkost.

SALATE UND ROHKOST

Auch für Salate und Rohkost verwenden wir noch Getreide, allerdings nicht mehr als Hauptbestandteil, sondern nur noch als eine - wenn auch nicht unwichtige - Zutat.

Weizenkeimsalat

50 g Weizenkörner	wie auf Seite 15 beschrieben keimen lassen
750 g Möhren	und
1-2 Äpfel	grob raspeln,
Kräutersalz	
Liebstöckel	
Koriander	
gemahlenen Fenchel	mit
1 EL Zitronensaft	
1 EL Öl, 1/8 l Sahne	gut vermischen, über die Möhren
	und die Körner gießen, mit
frischen Kräutern	servieren.

Wie beim folgenden Rezept, für das das Getreide allerdings gekocht wird, können Sie natürlich auch bei den übrigen Rezepten die Getreidearten variieren. Buchweizen koche ich nicht, ihn weiche ich nur 2 bis 3 Stunden ein.

Apropos: Buchweizen ist botanisch gesehen kein Getreide, sondern ein Knöterichgewächs, küchentechnisch behandelt man ihn aber wie Getreide.

Gersten-Fenchel-Salat

100 g Gerste	in
200 ml Wasser	einige Stunden einweichen, dann auf-kochen und leise köcheln lassen, bis das Wasser ganz aufgesogen ist und die Körner weich sind (30 - 45 Minuten). Abkühlen lassen.
1 EL körnige Brühe	
1 EL Essig	
1 EL Zitronensaft	
3-4 EL Öl	
Kräutersalz	zu einer Sauce verrühren.
500 g Fenchel	in dünne Streifen schneiden und sofort in die Sauce geben, damit er sich nicht verfärbt. Die Körner dazugeben und alles gut mischen, mit kleingehacktem
Schnittlauch	bestreuen.

Besonders lecker ist auch die Verbindung Naturreis/Lauch. Hier gebe ich ganz bewußt den Lauch zum noch warmen Reis, damit er etwas weicher wird, und serviere den Salat noch warm.

Wenn man, wie wir in meinem Lokal *Salatschüssel* jeden Tag mindestens 12 verschiedene Salate zu machen hat, kommt man schon hin und wieder ins Grübeln, denn auf Vieles will geachtet sein. Überwiegend Gemüse der Jahreszeit verwenden, Abwechslung in Form und Farbe, sowohl bei den Saucen als auch bei der Zusammenstellung der einzelnen Salate. Und last not least will und kann man nicht jeden Tag dasselbe anbieten, das wäre doch langweilig.

Was also tun?

Die Augen aufmachen und überlegen, was könnte - in Form, Farbe und Geschmack - zusammenpassen. Und wenn Sie dann vielleicht frischen Rhabarber in der Küche haben, weil Sie ein Dessert oder einen Kuchen backen wollen und Sie schneiden gerade Kohl in feine Streifen, dann könnte es Ihnen wie mir gehen und Sie kreieren einen neuen Salat, nämlich den

Weißkraut-Rhabarber-Salat

1 kleinen Weißkohl	in schmale Streifen schneiden,
1-2 Stangen Rhabarber	waschen oder schälen, in kleine Würfel schneiden, vermischen,
1-2 EL Obstessig	
3-4 EL Öl, Salz	verrühren, über den Salat gießen, gut durchziehen lassen, mit kleingeschnittenen
Salbeiblättern	garnieren.

Es ist schon toll, was man aus dem als typisches Wintergemüse verkannten Kohl alles zaubern kann, interessant auch die Kombination mit Wassermelone oder auch mit frischen Feigen. Griechisch ist die Version mit Zwiebeln, Paprika und Oliven.
Bleiben wir gleich bei Paprika, für das nächste Rezept eignet sich besonders roter oder gelber, dann gehört noch Spinat dazu und zwar die Teile, mit denen man normalerweise nichts anzufangen weiß, den Stielen. Wenn Sie den Salat probiert haben, sind Sie sicher auch der Meinung, daß die Stiele für den Kompost viel zu schade sind.

Spinatsalat mit Paprika

250 g Spinatstiele	in 1-2 cm lange Stücke schneiden, je dicker der Stiel, umso kürzer.
250 g gelbe Paprika	klein würfeln,
250 g Tomaten	achteln,
1 Zwiebel	in Ringe schneiden.
2 EL Zitronensaft	
4 EL Olivenöl	
Kräutersalz	
Paprika, edelsüß	als Sauce anrühren, alles übergießen, durchziehen lassen, mit
10-12 Oliven	garnieren.

Immer wenn Sie beim Salatmachen, beim Kochen oder Backen nicht weiter wissen, wenn der letzte Pfiff fehlt, dann denken Sie an Obst, das wollen wir auch beim nächsten Rezept tun.

Eissalat mit gekeimten Linsen

1 Eissalat	gut trocknen, in kleine Stücke reißen,
300 g Birnen	fein scheibeln.
50 g gekeimte Linsen	und
50 g gehackte Haselnüsse	zugeben,
3 EL Apfelessig, 5 EL Öl, Salz, Ingwer Cayennepfeffer	
1 TL Sojasauce	verrühren, die Linsen darin 1 Stunde ziehen lassen, vor dem Servieren den Salat, die Nüsse und die Birnen zugeben.

So schön die Verwendung von Obst ist, bitte nicht übertreiben, sonst verliert es seinen Reiz.

Doch an einer Obstsorte komme ich auch jetzt nicht vorbei, an Bananen. Wie Sie noch feststellen werden, gibt es mit Bananen nichts, was es nicht gibt. Sie können sie im Frischkorngericht, im Salat, als Suppe, als Hauptgericht, als Dessert oder zum Backen nehmen. Sie schmecken herrlich als Belag auf einem Vollkornbutterbrot und schließlich kann man sie natürlich auch noch ohne alles zwischendurch essen. Hier möchte ich Ihnen folgendes vorschlagen.

Nachdem ich bereits den Tomatensalat mit Bananen und Zwiebeln eingeführt hatte, und dieser Salat trotz der Bedenken meiner Mitarbeiterin ein Renner wurde, hielt sie mich bei der folgenden Variante nicht mehr für verrückt.

Rettichsalat mit Banane

1-2 schwarze Winterrettiche	gut bürsten und fein raspeln.
1 Banane	in dünne Scheiben schneiden.
1/8 l saure Sahne	
Pfeffer, Curry	zugeben, gut durchmischen, einige Minuten ziehen lassen, mit
Zitronenmelisse	garnieren.

● TIP:
Sauce mit pürierten Bananen anmachen und über die Rettiche gießen.

Chicorée in Orangensauce

1/8 l saure Sahne,
Saft einer Orange,
Kräutersalz
Paprika,1 TL Senf   zu einer Sauce verrühren.
500 g Chicorée   in feine Streifen schneiden und sofort
in die Marinade geben, durchziehen
lassen, mit
Petersilie oder
Zitronemelisse   garnieren.

Diese Sauce paßt auch gut zu Chinakohl, den ich Ihnen diesmal mit Tomaten und Knoblauch ans Herz legen möchte. Wohldosiert verwende ich Knoblauch sehr gerne, muß dies aber bei den Salaten im Lokal stark einschränken, da viele meiner Mittagsgäste auf Kollegen, Kunden und Patienten Rücksicht nehmen müssen, aber Chinakohl, das wissen sie, den gibt es fast immer mit Knoblauch.

Chinakohl mit Tomaten

1 Chinakohl	in nicht zu feine Streifen schneiden,
200 g Tomaten	achteln.
2 EL Obstessig	
4 EL Öl,	
1 zerdrückte	
Knoblauchzehe,	
Kräutersalz	verrühren, gut durchmischen, mit
	reichlich kleingeschnittenem
Schnittlauch	bestreuen.

Beim nächsten Salat wurde ich von einem leicht irritierten Gast gefragt: „Was ist eigentlich der Unterschied zwischen dem mehr gelben und dem mehr roten Möhrensalat?" - Nun, der gelbe Möhrensalat besteht aus Kürbis.

Kürbis-Lauch-Salat

500 g Kürbis	schälen und fein raspeln,
1 Stange Lauch	in dünne Streifen schneiden.
1 EL Zitronensaft,	
3 EL Öl, 1-2 EL Wasser	
Kräutersalz, Pfeffer	cremig rühren und alles
	gut durchmischen.

● TIP:
Wenn Sie Salate nicht so trocken lieben, einfach die Mengen für die Saucen verdoppeln.

Geteiltes Echo rufen bei meinen Gästen Salate aus rohem Gemüse hervor, das sie sonst nur gekocht kennen. Bei Möhren, Rote Bete, Sellerie habe ich sie überzeugt, bei Blumenkohl noch nicht. Ganz extrem aber klaffen die Ansichten beim rohen Spargelsalat auseinander. Bilden Sie sich bitte Ihre eigene Meinung.

Roher Spargelsalat

300 g Spargel	vom Kopf her schälen, dicke Stengel längs halbieren, in 0,5 bis 1cm lange Stücke schneiden.
1 EL Essig, 1 EL Zitronensaft, 4 EL Öl, Kräutersalz	verrühren, über den Spargel gießen, gut 1 Stunde ziehen lassen, mit
Dillspitzen	bestreut servieren.

Blumenkohl serviere ich meist leicht angedünstet.

Gelber Blumenkohlsalat

1 Blumenkohl	in nicht zu kleine Röschen teilen, im Gemüsesieb über
Gemüsebrühe	8 Minuten garen.
1 TL Kurkuma	mit
3-4 EL Olivenöl	verrühren, den noch heißen Blumenkohl darin schwenken, bis alles gelb überzogen ist, mit kleingehacktem
Schnittlauch	bestreuen und kalt essen.

Sie können statt Kurkuma auch edelsüßen Paprika verwenden und erhalten dann einen rötlichen Salat. Sehr gut schmeckt auch geraspelter Blumenkohl, der nur 1-2 Minuten in einer heißen Kurkuma-Ölmischung gegart wurde.

● TIP:
Verwenden Sie bei Kurkuma oder Safran möglichst ein Gefäß aus Edelstahl, denn diese Gewürze färben sehr stark, und andere Materialien lassen sich nur schwer säubern.

Für einen richtigen Schwaben darf bei einem Salatbuffet der Kartoffelsalat nicht fehlen, meist verwende ich dafür Leinöl, das aber nur 4-6 Wochen haltbar ist. Daher sollte man nur kleine Mengen kaufen. Heute wähle ich die gelb-rote Variante.

Kartoffelsalat mit Möhren

400 g kalte Pell-kartoffeln	schälen und grob raspeln,
300 g Möhren	grob raspeln,
1-2 Frühlingszwiebeln	fein schneiden.
3-4 EL Essig,	
6-8 EL Leinöl,	
Kräutersalz, Pfeffer,	
Muskat,	
körnige Brühe	verrühren, über das Gemüse gießen, vorsichtig durchmischen, 1 Stunde ziehen lassen. Vor dem Servieren nochmals abschmecken, falls der Salat zu trocken ist, noch Marinade zugießen.

Bevor wir nun zum ersten Rezept mit Sojaprodukten kommen, noch etwas Wichtiges vorab.

Viele Menschen, die auf tierisches Eiweiß verzichten wollen oder müssen, essen die von der Werbung hochgepriesenen Sojaprodukte aus TVP-Soja (TVP = Texturiertes, vegetabiles Protein). Diese Produkte werden fabrikatorisch aus Resten der Sojaölgewinnung hergestellt und haben mit vollwertiger Ernährung so wenig zu tun wie Fabrikzucker oder Auszugsmehl.

Andere essen täglich den aus Sojamilch hergestellten Tofu, um damit ihren Eiweißbedarf zu decken. Ein Gast erzählte mir, er äße jeden Tag mindestens 200 g davon. Schaudernd fragte ich ihm, ob ihm das nicht mal zum Halse heraushinge. Zur Deckung des Eiweißbedarfs ist der Verzehr von Tofu völlig unnötig, wenn man sich vollwertig und abwechslungsreich, also mit Getreide, Gemüse und Hülsenfrüchten usw. ernährt. Auch muß man sich die Frage stellen, ob derartige Mengen an pflanzlichen Eiweißkonzentraten langfristig nicht auch zu Schäden führen können.

Bei dem erwähnten Gast kam es, wie es kommen mußte, er kann Tofu inzwischen weder sehen, noch riechen oder essen. Das ist schade, denn sparsam und variabel eingesetzt, kann man mit Tofu bestimmte Nuancen erreichen, die sonst nur bei der Verwendung von Milchprodukten zu erzielen sind. Für diesen Fall finde ich Tofu ebenso wie Miso und Sojamilch auch in der Vollwertküche durchaus akzeptabel.

Genug der Worte, laßt uns Taten sehen, aber Achtung, essen Sie nicht zuviel von dem vorzüglichen Salat, sonst könnte sich der Genuß ins Gegenteil verkehren.

Oliven-Tofu-Salat

300 g Tofu	mit der Gabel zerbröckeln.
1 TL Senf, 2 EL Essig	
1 gepreßte	
Knoblauchzehe,	
1 EL Sojasauce,	
3 EL Olivenöl	mit dem Schneebesen gut verrühren, Tofu zugeben und durchziehen lassen.
1 Zwiebel	fein hacken.
10 schwarze Oliven	in kleine Stücke schneiden, alles gut durchmischen, mit
Tomatenachteln	garnieren.

Das Auge ißt immer mit, deshalb schließen wir diesen Abschnitt, farbig und nicht politisch gemeint, mit einer rotgrünen Kombination. Diese Vorspeise eignet sich gut für ein Buffet.

Gefüllte Paprika

4 kleine grüne Paprika	Deckel abschneiden, Kerngehäuse herausnehmen, eventuell auch die Unterseite vorsichtig gerade schneiden, damit die Paprika stehen können.
300 g rote Bete	und
1 säuerlichen Apfel	fein raspeln, mit
1-2 EL Zitronensaft	beträufeln, mit
Kräutersalz, Pfeffer, Paprika	würzen, durchmischen und die Paprika damit füllen. Einen Teil der Deckel in feine Streifen schneiden und Füllung damit dekorieren, in die Mitte je eine
halbe Walnuß	setzen.

● TIP:
Wenn Sie zuviel Füllung haben, pürieren Sie die Mischung, geben Butter hinzu, schmecken nochmals ab und haben einen herrlichen Brotaufstrich.

SUPPEN

Eine heiße Suppe an kühlen Tagen oder eine kalte Suppe an heißen Tagen ist fast immer das Richtige. Natürlich kann man sie auch an allen anderen Tagen genießen. Mit der bereits erwähnten Sojamilch will ich das Kapitel beginnen.

Mangoldcremesuppe

1 kleine Zwiebel	fein hacken,
1 Knoblauchzehe	zerdrücken, beides in
1 EL Öl	glasig dünsten,
40 g Roggenmehl	darin durchschwitzen, mit
1 l Sojamilch	auffüllen, gut verrühren.
300 g Blattmangold	kleinschneiden, 10-15 Minuten in der Suppe köcheln lassen, mit
Muskat, Salz, Pfeffer und evtl.	
1 TL körniger Brühe	abschmecken und servieren.

Gut eignet sich auch Blattspinat, die Kochzeit ist dann etwas kürzer.

● TIP:
Wenn Sie für tierisch-eiweißfreies Kochen auch konventionelle Rezepte verwenden wollen, können Sie Milch durch Sojamilch oder je zur Hälfte durch Sahne und Wasser ersetzen.

Knoblauch-Gemüse-Suppe

1 Zwiebel	fein hacken,
1 Stange Lauch	fein schneiden,
150 g Zucchini	kleinwürfeln,
150 g Bohnen	in 2-3 cm lange Stücke schneiden,
150 g Tomaten	würfeln.
2 EL Olivenöl	erhitzen, Zwiebel und Lauch kurz anbraten, dann
1 l Gemüsebrühe	zugießen, Zucchini und Bohnen in die heiße Brühe geben, bei schwacher Hitze gut 10 Minuten köcheln lassen, dann für weitere 5 Minuten die Tomaten mitkochen, bis die Bohnen gar sind.
20 g Basilikum	sehr klein schneiden,
2-3 Knoblauchzehen	zerdrücken,
30 g Pinienkerne	hacken, alles mit
Kräutersalz,	
Cayennepfeffer	im Mörser zerstampfen, bis eine grüne Paste entstanden ist, nach und nach
2 EL Olivenöl	einarbeiten. Die Paste in vorgewärmte Suppentassen geben, die heiße Suppe darübergießen, einige Minuten ziehen lassen und servieren.

Wie schon erwähnt, mit Roten Beten lassen sich farbenfrohe Gerichte herstellen, so z.b. diese klassische russische Suppe.

Borschtsch

300 g Rote Bete	stifteln,
150 g Weißkraut	in dünne Streifen schneiden,
300 g Kartoffeln	grob würfeln,
1 l Gemüsebrühe	erhitzen, das Gemüse hineingeben.
1 TL Bohnenkraut	
1 Bund Suppengrün	ca.15-20 Minuten mitkochen.
1-2 Tomaten,	
1 kleine Gurke	in dünne Scheiben schneiden, in die nicht mehr kochende Suppe geben, mit
1 EL Apfelessig,	
1 EL Sojasauce	abschmecken, mit
Dillspitzen	bestreut servieren.

Mit einem Sahnehäubchen kann man die Suppe nicht nur optisch verfeinern.

Nun geht es mit der vielseitigen Kartoffel weiter:

Kartoffelsuppe mit rohem Gemüse

500 g Kartoffeln	in der Schale weichkochen, pellen und durchpressen, mit
1 TL Pilzbrühe,	
1 EL Hefebrühe	in
1 l Wasser	aufkochen, mit
Oregano, Basilikum	würzen.
100 g Möhren	und
100 g Kohlrabi	fein raspeln,
100 g Lauch	fein schneiden, alles 5 Minuten in der heißen Suppe ziehen lassen.
Petersilie	klein hacken und darüberstreuen.

Je nach Jahreszeit können Sie natürlich auch anderes Gemüse verwenden, wie z.B. Blumenkohl, Rosenkohl, Sellerie, Fenchel usw. Wichtig ist immer, das Gemüse kleinzuschneiden.

Chicorée wird meist nur als Salat und roh verwendet, vielleicht weil sich die Bitterstoffe im gekochten Zustand oft stärker bemerkbar machen und die Blätter gekocht auch nicht mehr so schön aussehen, aber meine Chicoréesuppe sollten Sie auf alle Fälle einmal probieren.

Chicoréesuppe

500 Chicorée	ohne Stengelansatz in feine Streifen schneiden.
30 g Butter	erhitzen,
1 Zwiebel	klein hacken, in der Butter leicht anbraten, Chicorée zugeben, andünsten,
30 g Mehl	darüberstäuben, durchschwitzen,
1 l Gemüsebrühe	zugießen, 5 Minuten kochen, mit
Kräutersalz, Muskat	würzen, von der Platte nehmen,
3-4 EL saure Sahne	unterziehen, mit gehackten
Kräutern	servieren.

● TIP:
Chicorée immer dunkel lagern, sonst verfärben sich die Spitzen grün.

Kommen wir nun zu einer Suppe für heiße Tage, frisch und fruchtig, da bleibt bestimmt nichts übrig.

Kalte Gemüsesuppe

2 grüne Paprika	entkernen, grob zerkleinern.
500 g Tomaten,	
1 Gurke,	
2 Zwiebeln	
2 Knoblauchzehen	grob zerkleinern, alles im Mixer pürieren, dann
1/4 l saure Sahne	sowie
Dill, Petersilie,	
Basilikum	(feingehackt) zugeben, mit
Paprika, Salz,	
Thymian,	
1 EL Apfelessig,	
2 EL Olivenöl	abschmecken, im Kühlschrank kaltstellen.

Dazu paßt geröstetes Vollkornbrot.

Wenn Sie von früher her Mehl in Suppen oder Saucen satt haben, lassen Sie sich jetzt von Getreidesuppen überzeugen.

Sechs-Korn-Schrotsuppe

je 1 EL Weizen, Hirse, Hafer, Roggen, Gerste, Dinkel	grob schroten, mit getrocknetem
Majoran	würzen, in der Pfanne ohne Fett kurz anrösten,
1 l Hefebrühe	aufkochen, den Schrot mit dem Schneebesen schnell einrühren, gut 5 Minuten kochen, mit
Curry, Paprika, Kräutersalz	abschmecken, eventuell mit frischem
Majoran	bestreut servieren.

Falls die Suppe einmal etwas länger stehen sollte, muß man Brühe nachgießen, da sie sehr schnell eindickt.

Hafer-Champignonsuppe

100 g Hafer	in
1 l Wasser	aufkochen, 10 Minuten kochen und auf ausgeschalteter Platte 15 Minuten ausquellen lassen, dann
1-2 EL Pilzbrühe	zugeben, nochmals aufkochen.
200 g Champignons	in dünne Scheiben schneiden, Topf vom Herd nehmen, Pilze zugeben, mit
Kräutersalz, Muskat, Curry	würzen, kurz ziehen lassen, mit
gehackter Petersilie	bestreuen.

Wer will, kann noch ein Sahnehäubchen auf jede Tasse geben.

Vor allem im Winter und Frühjahr, wenn es nur wenig frisches Gemüse gibt, sind Hülsenfrüchte besonders beliebt. Ich habe eine besondere Vorliebe für Linsen, daher beginne ich auch mit zwei Linsensuppen.

Rote Linsensuppe

150 g Linsen	in
1 l Wasser	einige Stunden einweichen.
1 Möhre, 1 Stück Lauch,	
1 Stück Sellerie	kleinschneiden.
1 EL körnige Brühe,	
Koriander, Kümmel,	
Ingwer	mit dem Gemüse zugeben, Linsen in gut 30 Minuten garkochen.
1 Zwiebel, 1 Pepperoni,	
1 Knoblauchzehe	klein hacken, in
1 EL Öl	andünsten, zu den Linsen geben.
200 g Tomaten	häuten, pürieren und mit
0,2 l rotem Trauben-	
saft	in die Suppe geben, mit
Paprika, Salz	abschmecken.

Daß eine Getreidemühle, auch mit Steinmahlwerk, mehr kann als nur Getreide mahlen, darüber staunen die Teilnehmer in meinen Kochkursen immer wieder aufs neue. Sofern die Einlauföffnung groß genug und der Motor entsprechend stark ist, lassen sich auch Hülsenfrüchte mahlen, wie im folgenden Rezept benötigt.

Linsensuppe mit Möhren

1 kleine Zwiebel	fein hacken, in
30 g Öl	anbraten,
1 l Gemüsebrühe	zugeben und aufkochen.
100 g Linsen	fein mahlen und mit dem Schneebesen in die kochende Brühe einrühren, 5 Minuten kochen.
100 g Möhren	fein raspeln, in der Suppe 5 Minuten ziehen lassen, mit
Salz, Pfeffer, Majoran, Oregano	abschmecken, mit kleingeschnittenem
Schnittlauch	bestreuen. Wer will, kann noch
1/8 l saure Sahne	unterziehen.

● TIP:
Wenn Sie saure Sahne verwenden, sollten Sie die Suppe oder Sauce nicht mehr aufkochen, sie könnte sonst ausflocken, was nicht besonders schön aussieht. Oft kann man stattdessen auch flüssige süße Sahne verwenden, dann tritt das Problem nicht auf.

Kichererbsensuppe mit Safran

200 g Kichererbsen	in
knapp 1,5 l Wasser	über Nacht einweichen, dann mit
gemahlenem Rosmarin,	
Basilikum	aufkochen, in 1-1,5 Stunden weich-garen, unter Dampfdruck geht's schneller.
50 g Möhren,	
100 g Sellerie	kleinschneiden, 5-10 Minuten mitkochen, dann alles pürieren, mit
1 MSP Safran	
Chilipulver, Salz	
1 EL Zitronensaft	würzen und mit kleingehacktem
Dill	servieren.

Genauso wie bei Salaten und Hauptgerichten lassen sich durch die Verwendung von Obst so interessante Geschmacksnuancen komponieren, daß selbst Suppenkasper dabei schwach werden, wie Ihnen die folgenden Suppen beweisen werden. Beginnen wir mit der unvermeidlichen Banane.

Pikante Bananensuppe

1 Zwiebel	grob hacken, in
2 EL Öl	anbraten,
3/4 l Gemüsebrühe	zugießen, 5 Minuten kochen.
2-3 Bananen	mit der Gabel zerdrücken, in die heiße Brühe geben, gut verrühren, mit
Salz, Pfeffer,	
viel Curry, Kurkuma	würzen, mit gehackter
Petersilie	bestreut servieren.

Als Variation kann man gekochten Reis und/oder Sahne zufügen.

Besonders apart schmeckt die folgende Zwiebelsuppe, der man zusätzlich noch eine Banane hinzufügen kann.

Zwiebelsuppe mit Mango

200 g Zwiebeln	würfeln,
1-2 Knoblauchzehen	pressen,
100 g Naturreis	waschen, gut abtropfen lassen, alles in
2-3 EL Öl	anbraten,
2 TL Curry	kurz mitbraten.
3/4 l Gemüsebrühe	zugießen, den Reis in 20-30 Minuten weich kochen,
2 EL Mandeln	blättrig schneiden, in
1 EL Öl	anbraten, beiseite stellen,
1 sehr reife Mango	schälen, Kern entfernen, mit
2-3 EL Zitronensaft,	
2-3 EL Traubensaft	pürieren, Suppe vom Herd nehmen, Mangosauce unterrühren, mit den gerösteten Mandeln garnieren.

Die englische Küche hat bei uns keinen besonderen guten Ruf, aber immer wieder findet man besonders schmackhafte Gerichte, wie z.B. die

Englische Orangen-Tomatensuppe

750 g Tomaten	halbieren,
1 Zwiebel	grob würfeln,
1 Möhre	in dünne Scheiben schneiden.
abgeriebene Schale von 1/2 Zitrone	zugeben, mit
1 Lorbeerblatt,	
4-5 Pfefferkörnern	in
1/4 l Gemüsebrühe	ca. 15 Minuten kochen, Lorbeerblatt entfernen, dann pürieren mit
Wasser	auf 1 Liter auffüllen,
30 g Öl (oder Butter)	erhitzen,
30 g Mehl	darin durchschwitzen, dann die Tomatenbrühe zugießen,
1 unbehandelte Orange	sehr dünn schälen, Schale in feine Streifen schneiden, die geschälte und eine weitere
Orange	auspressen, mit
Salz und Honig	abschmecken. Man kann auch
1/8 l Sahne	sehr steif schlagen und vorsichtig unterheben, mit den Orangenstreifen bestreuen.

Man kann ohne weiteres auf Sahne verzichten, dann würde ich Tomaten, Möhren und Zwiebeln kleiner schneiden und nicht pürieren.

Im Frühjahr empfehle ich Ihnen einen Gang in Ihren Naturgarten, suchen Sie die sogenannten Unkräuter und lassen Sie sich von mir zu einer Frühlingssuppe inspirieren.

Frühlingssuppe

200 g junge Brennesselblätter,	
50 g Sauerampferblätter	gut waschen, kleinschneiden.
1 Frühlingszwiebel	kleinschneiden, in
Öl	andünsten,
1 l Gemüsebrühe	zugeben, die Blätter hinzufügen, weichkochen und pürieren.
Brennesselspitzen, Petersilie,	
Schnittlauch	fein hacken, in die Suppe geben, mit
Salz, Pfeffer	abschmecken und mit
Gänseblümchenblüten	servieren.

Übrigens: Ich ziehe zum Waschen und Putzen der Brennesseln ebenso wie zum Pflücken Handschuhe an, obwohl meine Frau behauptet, die jungen Brennesseln würden nicht brennen und sie sie auch anfaßt, aber für mich ist Vorsicht die Mutter der Porzellankiste.

KÜCHLE MIT BEILAGEN

Bei den folgenden Hauptgerichten bringe ich Ihnen manchmal die Zusammenstellungen, die wir in der Salatschüssel servieren, hin und wieder verweise ich auf passende Beilagen, bei den restlichen Gerichten möchte ich an Ihre eigene Phantasie appellieren.
Küchle oder Bratlinge werden in der Regel mit Eiern zubereitet, bei den folgenden Rezepten zeige ich Ihnen, daß man ohne weiteres darauf verzichten kann, wenn man die Zutaten z.B. gut knetet, die Küchle sehr sorgfältig formt oder andere Hilfsmittel verwendet, damit sie nicht auseinanderbrechen. Außerdem sollte man sie immer langsam bei mäßiger Hitze ausbacken.

Beginnen wollen wir mal mit den einfachsten Küchle.

Reisküchle

125 g Naturreis doppelten Menge Wasser	in der weichkochen, abkühlen lassen.
1 Möhre	fein raspeln,
1 kleine Zwiebel	fein hacken, mit Reis sowie
80 g Vollkornpaniermehl, 1 EL körniger Hefebrühe, Salz, Curry, Piment	würzen, alles kräftig mit der Hand kneten, mit feuchten Händen sorgfältig Küchle formen, in
wenig Öl	langsam ausbacken.

Na, war doch ganz einfach.

● TIP:
Wenn Sie erhitztes Fett meiden wollen oder müssen, oder zumindest sparen wollen, dann können Sie die Küchle auch auf einem leicht gefetteten Blech im Backofen backen, es dauert etwas länger, bis sie gar sind, und sie bekommen keine solche Kruste wie beim Braten.
Auch wenn Sie einmal größere Mengen Küchle zubereiten wollen, ist der Backofen hilfreich, allerdings brate ich sie der Kruste zuliebe vorher oder hinterher in der Pfanne noch an.

Dinkel-Mandel-Küchle

300 g Dinkel	grob mahlen,
1/2 l Gemüsebrühe	erhitzen, über den Getreideschrot geben,
20 g Hefe	dazu bröckeln, alles gut verrühren,
	30 Minuten quellen lassen.
100 g Mandeln	fein mahlen, unter den Teig rühren,
Erdnußöl	erhitzen, einen Eßlöffel Teig in die
	Pfanne geben, Küchle glattstreichen,
	bei mäßiger Hitze langsam ausbacken.

Dazu passen vorzüglich:

Apfelkartoffeln

750 g Kartoffeln	vierteln oder achteln,
1/2 l Wasser	mit
1 Lorbeerblatt, Salz,	
Piment, Nelken,	
Pfeffer	aufkochen, Kartoffeln hineingeben,
	15 Minuten kochen,
500 g säuerliche	
Äpfel	vierteln, Kerngehäuse entfernen, 5 Minuten
	mitkochen, bis die Kartoffeln gar sind,
1 EL Honig	
2-3 EL Apfelsaft	unterrühren, mit
Petersilie	bestreuen.

Kochen Sie die Äpfel nicht zu lange mit, sonst werden Sie noch gefragt: „Wo bitte sind denn die Äpfel?"

Gerstenküchle mit Bohnenmais

300 g Gerste	grob schroten, mit soviel
Wasser	verrühren, daß der Schrot gut bedeckt
	und das Wasser nach 1 Stunde ganz
	aufgesogen ist.
1-2 Frühlingszwiebeln	kleinschneiden, mit
Kräutersalz,Paprika,	
Curry, 1 EL körniger	
Hefebrühe	in den eingeweichten Schrot einarbeiten,
	mit dem Eßlöffel in die Pfanne geben,
	glattstreichen und in
Öl	langsam ausbacken.

Hervorragend lassen sich auf die gleiche Art Roggenküchle herstellen, ich ersetze dabei die Zwiebel durch Lauch, etwas milder wird das Ganze durch eine geraspelte Möhre.

Zu den Gerstenküchle machen wir als Beilage :

Bohnenmais

150 g Azukibohnen	über Nacht einweichen, dann im Einweichwasser 60 Minuten kochen,
200 g tiefgefrorene Maiskörner	
200 g tiefgefrorene Erbsen	in etwas
Wasser	erhitzen. Wenn die Bohnen weich sind, Mais und Erbsen zufügen, mit
Koriander, Chili, Cayennepfeffer	
Pfefferminzblätter	würzen, fein hacken und zum Bohnenmais geben.

Natürlich frage ich mich oft, wie soll ich ein Rezept nennen, wenn es keinen allgemein üblichen Namen dafür gibt, irgendeinen tollen Phantasienamen, unter dem man sich nichts vorstellen kann oder eine Bezeichnung, die sofort erkennen läßt, um was es sich handelt. Ich entschließe mich meist für Letzteres.

Haferflockenküchle mit Apfelrotkraut

150 g Hafer	zu Flocken quetschen oder sehr grob schroten,
50 g Buchweizen	fein mahlen.
2 EL Hefeflocken	dazugeben, alles mischen, mit
1/4 l Mineralwasser	übergießen und quellen lassen.
1 kleine Lauchstange	sehr fein schneiden,
1-2 EL Petersilie	fein hacken, unterrühren, mit
Koriander	und
Kräutersalz	würzen.
Öl	erhitzen, mit dem Löffel Teig in die Pfanne geben, glattstreichen, langsam ausbacken.

Apfelrotkraut

800 g Rotkraut	fein hobeln,
300 g säuerliche Äpfel	ohne Kerngehäuse fein scheibeln,
1 Zwiebel	mit
3-4 Nelken	spicken.
4-5 EL Öl	erhitzen,
1 TL Senfkörner	ins heiße Fett geben (Vorsicht: es kann spritzen!).
1 TL Piment, Salz	und die übrigen Zutaten hinzufügen,
1/4 l naturtrüben Apfelsaft	zugießen und alles in 20-30 Minuten weichkochen.

Zum Entwickeln neuer Rezepte braucht man in einem Restaurant auch Mut, insbesondere den der Gäste, damit sie von der alten schwäbischen Regel *Was dr Buer net kennt, des frißt er net* abweichen und auch völlig neue Gerichte probieren, oft ist da die Neugier eine gute Hilfe. So ging es mir beim nächsten Rezept. Als die Gäste „Rotkrautküchle" lasen, stutzten sie zunächst, fragten nochmals nach dem Namen, da sie dachten, sie hätten meine Schrift an der Tafel falsch entziffert, überlegten, ob sie es riskieren sollten, und diejenigen, die sich dafür entschieden, waren begeistert. Das Originalrezept war allerdings mit Eiern, aber mit etwas Geschick geht es auch ohne.

Am besten Sie machen vom vorherigen Rezept eine größere Menge, dann sind die Küchle schnell gemacht.

Rotkrautküchle

300 g Apfelrotkraut	wie im letzten Rezept beschrieben herstellen und abkühlen lassen.
125 g gekochten Naturreis,	
100 g Buchweizenmehl	mit dem Rotkraut mischen, mit
Salz, Nelken, Curry	würzen, gut durchkneten, mit nassen Händen Küchle formen, in
Öl	langsam ausbacken.

Als Beilage Salat oder Mischgemüse servieren.

Es muß übrigens nicht immer die Küchle- oder Frikadellenform sein, machen Sie doch einmal

Buchweizenrollen

150 g Buchweizen	in
300 ml Gemüsebrühe	5 Minuten kochen, dann 10-15 Minuten auf ausgeschalteter Platte quellen lassen,
100 g Vollkornbrösel	untermischen, mit
Paprika, Macis,	
Kräutersalz	würzen, mit nassen Händen ca. 5 cm lange und 1,5 cm dicke Rollen formen,in
Öl	rundherum braten.

Geometrisch in der Form, gelb in der Farbe und geschmacklich kaum zu übertreffen sind:

Gebratene Polentascheiben

600 ml Wasser	aufkochen,
200 g Maisgrieß	
(Polenta)	einrühren, mit
1 EL gekörnter Brühe	
gehacktem Salbei,	
Majoran	würzen, bei schwacher Hitze kurz kochen, dann ausquellen lassen, bis das ganze Wasser aufgesogen ist, immer wieder umrühren.
80 g Haselnüsse	fein reiben und mit
Muskat	untermischen. Backblech mit kaltem Wasser abspülen, Polenta noch heiß ca. 1 cm dick daraufstreichen, erkalten lassen, dann in Rauten schneiden, mit dem Pfannenheber lösen und in
Öl	langsam ausbacken.

Oft werde ich gefragt, wie ich bei meiner vegetarischen Ernährungsweise und ganz besonders beim Verzicht auf tierisches Eiweiß meinen
Bedarf an Eiweiß decke. Wie komme ich zu den lebenswichtigen es-
sentiellen Aminosäuren? Das sind jene Aminosäuren, die der Körper
nicht selbst herstellen kann und die mit der Nahrung zugeführt werden
müssen.
Die Antwort ist einfach. In allen Pflanzen, die wir essen, sind alle
Aminosäuren enthalten, allerdings nicht in jeder Pflanze alle in ausrei-
chender Menge. Wenn Sie abwechslungsreich und vollwertig essen,
dann ergänzen sich die Aminosäuren entsprechend. Eine besonders
wertvolle Kombination sind Getreide und Hülsenfrüchte, man kann
hier sogar eine höhere biologische Wertigkeit als durch tierische Produkte erreichen.
Schon die alten Indios haben intuitiv das Richtige als Hauptnah-
rungsmittel gewählt, nämlich Mais (Getreide) und Bohnen (Hülsenfrüchte), dies wollen wir mit den Bohnenküchle nachempfinden.

Mais-Azukibohnenküchle

100 g Azukibohnen	über Nacht einweichen, in gut 60 Minuten weich kochen (unter Dampfdruck gehts schneller).
1/2 l Gemüsebrühe	aufkochen,
150 g Polenta	einstreuen, unter Rühren 5 Minuten kochen, dann 30 Minuten quellen lassen.
1 Zwiebel	fein hacken,
1 Knoblauchzehe	durchpressen, beides in
Öl	anbraten, Bohnen, Mais, Zwiebel mit
50 g Vollkornbrösel	mischen, mit nassen Händen Küchle formen, in
Öl	langsam ausbacken.

Kichererbsenküchle

200 g Kichererbsen	in
3/4 l Wasser	über Nacht einweichen.
1 Zwiebel,	
1 Knoblauchzehe	grob hacken,
20 g frischen Ingwer	fein reiben, mit den Kichererbsen ca.
	1-1,5 Stunden köcheln lassen, bis die
	Kichererbsen weich sind.
Koriander, Nelken,	
Kardamom, Piment,	
Kreuzkümmel, Zimt	mit
wenig Wasser	zu einer Paste verrühren,
60-80 g Reis	fein mahlen, Kichererbsen pürieren,
	Gewürzmischung und Reismehl
	zufügen, bis ein formbarer Teig
	entsteht, evtl. noch Mehl zugeben,
	Küchle formen und in
Öl	ausbacken.

Mit Kurkuma oder Safran werden sie schön gelb, während beim nächsten Rezept Broccoli die Kartoffeln grün färbt.

Broccoli-Kartoffel-Rollen

250 g Broccoli	in Röschen teilen, im Sieb über
Gemüsebrühe	weichkochen, dann pürieren,
300 g Kartoffeln	in der Schale weichkochen, schälen,
	durchpressen,
100 g Dinkel	fein mahlen, gut mit Kartoffeln und
	Broccoli vermischen und durchkneten, mit
Muskat,Pfeffer,	
Salz	würzen, evtl. noch Mehl zugeben, Rollen
	formen, in
Vollkornbrösel	wälzen und in wenig
Öl	ringsum ausbacken.

Nun haben wir gleich den richtigen Übergang zum nächsten Kapitel, hier steht nämlich die Kartoffel ganz im Mittelpunkt.

KARTOFFELGERICHTE

Viele meiner Stammgäste sind wahre Kartoffelliebhaber. Wenn sie auf dem Speiseplan stehen, brauche ich gar nicht erst nach der Bestellung zu fragen, sie nehmen immer Kartoffeln, ganz gleich in welcher Form und mit welchen Beilagen.

Kartoffelgulasch

4 EL Olivenöl	erhitzen,
1-2 grüne Peperoni	sehr fein schneiden,
1-2 Knoblauchzehen	kleinschneiden, anbraten,
300 g Zwiebeln	in Ringe schneiden, dazugeben.
200 g rote Paprika,	
100 g Zuchini	würfeln,
800 g Kartoffeln	mit der Schale grob würfeln, alles in den Topf geben, gut durchmischen, kurz anbraten.
1/2 l Gemüsebrühe	zugießen, 25-30 Minuten köcheln lassen, bis die Kartoffeln gar sind, mit
Kräutersalz	
Cayennepfeffer,	
scharfem Paprika	abschmecken, mit frischem
Majoran	bestreuen.
2-3 EL saure Sahne	Wer will kann vor dem Servieren noch unterziehen.

Ganz besonders beliebt ist das folgende Gericht:

Saures Kartoffelgemüse mit Lauchstangen

100 g Zwiebeln	fein würfeln, in
1 EL Öl	glasig dünsten.
1 kg Kartoffeln	mit der Schale in ca. 1/2 cm dicke Scheiben schneiden, zu den Zwiebeln geben, dann
1 l Gemüsebrühe	und
3 EL Apfelessig	zugießen und in gut 20 Minuten bei kleiner Hitze kochen lassen, bis die Kartoffeln gar sind. Die noch vorhandene Gemüsebrühe mit
2-3 EL Roggenmehl	binden und mit
Salz, Pfeffer	abschmecken.
8 kleine oder 4 große Lauchstangen	vorbereiten, die losen grünen Blätter abschneiden und für ein anderes Gericht weiter verwenden, die festen Stangen längs halbieren, im Sieb über
Gemüsebrühe	in ca. 15 Minuten weichdünsten und mit den Kartoffeln servieren.

Das Lauchgrün kann man vorzüglich für Getreidesalate oder auch für Möhrensalat verwenden.

Einen ganz überraschenden Geschmack erlebt man bei dem folgenden typischen Wintergericht mit Kartoffeln und Kohl durch die Verwendung von Nüssen, hier lassen sich auch „eingefleischte" Kohlgegner gerne verführen.

Kartoffel-Kohltopf mit Haselnüssen

1 kg Weißkohl	in dünne Scheiben schneiden,
200 g Zwiebeln	in feine Ringe schneiden,
400 g Kartoffeln	in dünne Scheiben schneiden, alles in
1/4 l Gemüsebrühe	geben, mit
Rosmarin, Kümmel,	
Lorbeerblatt	würzen, gut 10 Minuten kochen.
125 g Haselnüsse	fein reiben, mit
50 g Vollkornbrösel	in
100 g Reformmargarine	
(oder Butter)	kurz anbraten.
Petersilie, Kerbel	klein hacken und in die Nußmischung geben. In eine gefettete Auflaufform 2/3 der Kartoffel-Kohlmasse geben, darauf die Nußfüllung verteilen, mit der restlichen Kartoffel-Kohlmasse abschließen.
Butterflöckchen	darübergeben, im Ofen bei 175° C 40-50 Minuten backen.

● TIP:
Wenn Sie den Mehraufwand nicht scheuen: es schmeckt noch besser, Kohl und Kartoffeln getrennt zu kochen und schichtenweise: Kartoffel-Kohl-Nüsse-Kohl-Kartoffeln zu backen.

Abschließen möchte ich meine kleine Kartoffelreise in Mittelamerika - das vorige Rezept stammt aus Irland - später machen wir noch einen Besuch in Afrika.

Kreolische Kartoffeln

1 kg Kartoffeln	in der Schale kochen, schälen, in Scheiben schneiden. Von
1 Zitrone	und
1 Orange,	Schale abreiben,
500 g Ananas,	
4 Orangen	
1 Zitrone	alles Fruchtfleisch würfeln, Saft dabei auffangen, die Hälfte der Kartoffeln in eine gefettete Auflaufform füllen, das Obst darüber geben, mit den Kartoffeln abschließen. Den aufgefangenen Saft mit den geriebenen Schalen und
80 g Öl (oder Butter)	
2-3 EL Honig, Salz	
Piment, Nelken	leicht erwärmen und gut mischen, über die Kartoffeln gießen und bei 180° C ca. 15 Minuten überbacken.

Dazu serviere ich am Freitagabend, wenn es Feinschmeckergerichte gibt, meistens überbackene Schwarzwurzeln.

Überbackene Schwarzwurzeln

500 g Schwarzwurzeln	schälen, sofort in Essigwasser legen, damit sie sich nicht verfärben, in 10 cm lange Stücke schneiden. Im Sieb über
Gemüsebrühe	in 10-15 Minuten garkochen und in eine gefettete Auflaufform geben.
40 g Weizenmehl	in der Pfanne ohne Fett unter Rühren anrösten, bis es duftet.
1 kleine Zwiebel	in etwas
Butter	glasig dünsten,
gut 1/4 l Gemüsebrühe	zugießen, Mehl einrühren, mit
Lorbeerblatt	unter Rühren aufkochen und 10 Minuten quellen lassen.
8 EL Sahne, Curry, Kräutersalz, Pfeffer	einrühren, über die Schwarzwurzeln gießen, bei 180° C ca. 10 Minuten backen.

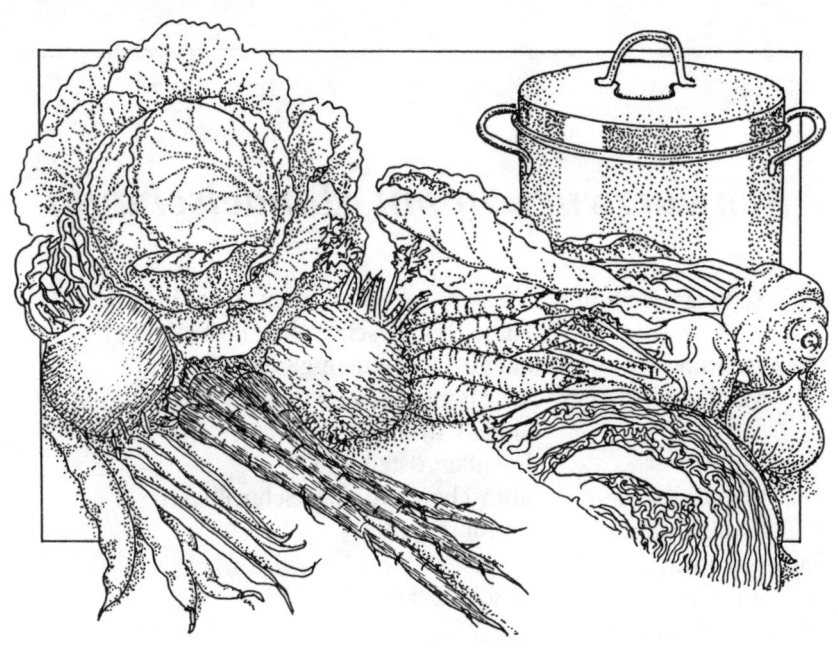

GEMÜSEGERICHTE

In der konventionellen Küche wird Gemüse nur als Beilage zu Fleischgerichten verschiedenster Art verwendet. Dabei wird es meist zu Tode gekocht. Für mich war solches Gemüse schon immer fast ungenießbar, und ich war sehr skeptisch, als ich mich vor etlichen Jahren aus ethischen Gründen zur vegetarischen Lebensweise entschloßen habe, ob und wie ich mit gekochtem Gemüse zurecht kommen würde. Aber vielseitig und al dente, also bißfest zubereitet, ist Gemüse zu einem festen und nicht mehr wegzudenkenden Bestandteil meiner Ernährung geworden. An meiner Abneigung gegen weiches, „lätschiges" Gemüse hat sich bis heute nichts geändert.

Lassen Sie sich von meinen Gemüsezubereitungen überzeugen. Wir bleiben gleich bei den schon erwähnten Schwarzwurzeln.

Schwarzwurzeln mit Mandelschaum

1 kg Schwarzwurzeln	schälen, in Essigwasser legen, in 5 cm lange Stücke schneiden, im Sieb über
Gemüsebrühe	ca. 10-15 Minuten garen.
80 g Mandeln	sehr fein reiben (evtl. Haut vorher abziehen), in
20 g Butter	leicht anrösten, mit
1/4 l Gemüsebrühe	ablöschen, mit dem Schneebesen
1 EL Dinkelmehl	einrühren, mit
Zitronensaft, Salz, Pfeffer	abschmecken.
3-4 EL geschlagene Sahne	unterziehen und über die Schwarzwurzeln gießen.

Dazu passen Kartoffeln, Reis oder auch Vollkornnudeln.

● TIP:
Zum Schälen der Schwarzwurzeln empfehle ich Ihnen Handschuhe anzuziehen, auch wenn Sie sonst nicht gerne damit arbeiten.

Und noch ein Stengelgemüse:

Staudensellerie in Nußbutter

2-3 Staudensellerie	in fingerlange Stücke schneiden, mit
1/4 l Gemüsebrühe,	
1 EL Öl,	
Liebstöckel,Thymian,	
1TL Pilzpulver,	
gemahlenem	
Fenchelsamen	15 Minuten zugedeckt kochen.
500 g Tomaten	häuten, vierteln, 5 Minuten mitkochen,
2 EL Zitronensaft,	
1 EL Hefeflocken	untermengen,
50 g Haselnüsse	fein mahlen,
3 EL Butter	zerlassen, Haselnüsse darin kurz anbraten, mit
Paprika, Kräutersalz,	
gehackten frischen	
Kräutern	würzen und zu Kräuterkartoffeln servieren.

Ein echter Renner bei mir im Lokal ist das folgende Broccoligericht. Ich habe aber Bedenken, es auf die Speisekarte zu setzen und zwar aus folgendem Grund: ich mache immer einen Plan für die ganze Woche, nachdem ich mich erkundigt habe, welche Gemüsesorten mein Lieferant jeweils anbietet. Nun ist es mir schon mehrmals so ergangen, daß der Broccoli immer an dem Tag, wenn ich ihn brauchte, bereits ausverkauft war. Wollte ich dann notgedrungen auf den konventionellen Handel zurückgreifen, um meine Gäste nicht zu enttäuschen, hatte ich auch dort meist Pech und ich mußte doch noch umdisponieren.

Gedünsteter Broccoli mit Camarguereis

und Zwiebelsauce

800 g Broccoli	in Röschen mit Stiel teilen, dicke Stengel evtl. schälen, im Sieb über
Gemüsebrühe	gut 10 Minuten dünsten.
200 g Camarguereis	in der doppelten Menge
Wasser	einweichen und in 20-30 Minuten weichkochen, mit
Kräutersalz, Paprika	würzen.

Zwiebelsauce

1 große Zwiebel	sehr fein hacken, in
30 g Butter	glasig dünsten,
60 g Grünkernmehl	durchschwitzen lassen, gut
1/4 l Gemüsebrühe	zugießen, mit
Salz, Pfeffer,	
Paprika,	würzen.
1/8 l Sahne	unterziehen, mit
Dillspitzen	bestreuen.

● TIP:
Besonders appetitanregend ist folgender Serviervorschlag:
Mit einem halbkugelförmigen Portionierer oder einer Tasse den roten Reis in die Tellermitte setzen, den grünen Broccoli rundherum anrichten und die Zwiebelsauce zwischen Reis und Gemüse verteilen.

Auch beim nächsten Gericht spielt Reis eine zentrale Rolle, hier verwende ich aber meist den üblichen Naturreis, obwohl auch der rote sehr gut paßt.

Lauch-Reis-Topf

200 g Reis	in
400 - 500 ml Wasser	einweichen, dann gut 20 Minuten köcheln lassen.
1 kg Lauch	halbieren, in 2-3 cm lange Stücke schneiden,
200 g Möhren	in dünne Scheiben schneiden,
300 g Tomaten	häuten und würfeln.
4 EL Öl	im Topf erhitzen, Lauch darin kurz andünsten, Möhren und Tomaten zugeben, mit
1 EL Hefeflocken, 1 EL körniger Brühe, Salz, Pfeffer, Majoran	würzen. Den vorgekochten Reis darauf verteilen, alles bei mäßiger Hitze ohne Rühren ca. 30 Minuten köcheln lassen, evtl. vorher zur Sicherheit noch etwas
Wasser	in den Topf geben.
Saft einer Zitrone 3 EL Olivenöl	und cremig schlagen, in den Topf geben, gut durchmischen und mit kleingehacktem
Basilikum	bestreut servieren.

„Noch ein Reisgericht...", werden Sie denken, aber diesmal handelt es sich um eine wirkliche Spezialität, nämlich um schwarzen Wildreis, nicht ganz billig, aber seinen Preis wert und viel ergiebiger als normaler Reis.
Wenn Sie Wildreis essen, bitte - tun Sie mir einen Gefallen - pur. Strecken Sie ihn nicht mit normalem Reis, wie in vielen Rezepten zu lesen ist. Essen Sie ihn lieber seltener, dann aber richtig.

Süß-saures Gemüse mit Wildreis

125 g Wildreis	in
500 ml Wasser	einige Stunden einweichen, aufkochen,
	in ca. 45 Minuten garkochen, kurz
	vor Ende der Garzeit mit
1 EL Pilzbrühe	würzen. In der Zwischenzeit
150 g Weißkohl	fein schneiden,
200 g Staudensellerie	in dünne Scheiben schneiden,
400 g Paprika	in Streifen schneiden,
250 g Möhren	scheibeln.
4 EL Öl	erhitzen, Gemüse darin anbraten,
1/4 l Gemüsebrühe	zugeben, gut 15 Minuten dünsten, mit
1 EL Honig,	
1-2 EL Essig,	
2 EL Sojasauce, Salz	abschmecken.
	Wer will, kann die Sauce noch mit
Reismehl	binden. Gemüse und Wildreis gemeinsam
	servieren.

Natürlich können Sie auf die gleiche Art auch andere Gemüsesorten zubereiten, dieses Gericht schmeckt auch mit Natur- oder Camarguereis.

Jetzt folgen einige Frühjahrs- und Sommergerichte, später kommen wir zu den Wintergemüsen.

Grüne Bohnen mit Paprikastreifen

250 g grüne Bohnen	in 3-4 cm lange Stücke schneiden,
250 g rote Paprika	in Streifen schneiden,
500 g Kartoffeln	würfeln,
1 Zwiebel	und
1-2 Knoblauchzehen	fein hacken.
2 EL Erdnußöl	stark erhitzen,
1 TL Senfkörner	darin anrösten (Vorsicht, kann spritzen!), Zwiebel und Knoblauch kurz mitbraten, dann das Gemüse und die Kartoffeln zufügen,
1/8-1/4 l Wasser	zugießen, mit
Kurkuma, Curry,	
Salz, Pfeffer,	
evt. 1 MSP Chili	würzen und bei kleiner Hitze 20 Minuten garen, mit
Kräutern	bestreut servieren.

Dazu passen Küchle aller Art oder Pilze sehr gut.

Viel südländisches Gemüse, das aber auch bei uns angebaut wird, macht den besonderen Reiz des nächsten Gerichtes aus. Ich serviere es immer mit Kräuterkartoffeln.

Ratatouille

2 Zwiebeln in Ringe schneiden,
500 g Auberginen,
300 g Zucchini in Scheiben und
300 g Paprika in Streifen schneiden,
300 g Tomaten würfeln. Die Zwiebeln in
4 EL Olivenöl anbraten, Zucchini, Auberginen und Paprika zugeben und ca. 15 Minuten im eigenen Saft köcheln lassen, mit
Kräutersalz, Paprika,
Chili,
1 EL körniger Brühe würzen, in den letzten 5 Minuten Tomaten mitdünsten, mit
Basilikum bestreuen.

Wer Knoblauch mag, kann ihn an die Ratatouille geben, unbedingt
notwendig ist er aber für das

Gemüsegulasch

150 g Zwiebeln	
2 Knoblauchzehen	fein schneiden, in
Öl	andünsten.
500 g gemischtes	
Gemüse (Möhren,	
Lauch, Sellerie,	
Kohlrabi, Kohl)	grob würfeln,
300 g Paprika	in Streifen schneiden,
200 g Tomaten	vierteln, in
1/4 l Gemüsebrühe	in ca. 15 Minuten bißfest garen,
	zum Schluß mit
Zitronensaft, Salz,	
Kümmel, Estragon,	
Paprika	würzen.

Man kann auch gut Pilze mitverwenden. Als Beilage Reis oder
Vollkornnudeln reichen. Stattdessen kann man aber auch gewürfelte
Kartoffeln mitkochen.

Hirsepaella

250 g Hirse	im Sieb unter heißem Wasser abspülen, mit
600 ml Gemüsebrühe	aufkochen, 5 Minuten kochen, ca. 20 Minuten auf ausgeschalteter Platte oder Gitter quellen lassen.
100 g Zwiebel	fein schneiden,
100 g Möhren,	
250 g Auberginen,	
250 g Zucchini	scheibeln,
100 g Champignons	blättrig schneiden, in
Öl	andünsten, im eigenen Saft leicht garen. Mit der Hirse mischen, mit
Curry, Salz,	
Petersilie	abschmecken. In eine gefettete Auflaufform geben und ca. 15 Minuten überbacken.

Statt Hirse eignen sich auch Reis und Buchweizen. Sollte - was selten der Fall sein wird - mal etwas übrig bleiben, dann zaubern Sie am nächsten Tag eine tolle Gemüsesauce: Reste der Paella mit Wasser oder Gemüsebrühe im Mixer sehr fein pürieren, soviel Flüssigkeit zugeben, daß die richtige Saucenkonsistenz entsteht, mit Salz, Pfeffer, Curry würzen und erhitzen.

Nicht ganz einfach zuzubereiten, dafür aber sehr interessant sind die

Auberginen-Rouladen

200 g Grünkern	grob mahlen, in
300 g Wasser	einige Stunden einweichen, mit
Kräutersalz, Basilikum,	
Thymian	würzen.
1 Zwiebel	fein hacken,
1 Knoblauchzehe	pressen, mit
1 EL Tomatenmark	gut verrühren, kräftig würzen,
frische Kräuter	klein hacken und zugeben,
2-3 Auberginen	längs in 0,5 cm dicke Scheiben schneiden, leicht salzen, nach 10 Minuten trockentupfen, in reichlich
Öl	glasig braten. Die Auberginenscheiben mit der Grünkernfüllung belegen, einrollen, falls notwendig mit Stäbchen feststecken, in einer gefetteten Auflaufform bei 200° C ca. 25 bis 30 Minuten backen.

Am besten schmeckt dazu eine frisch zubereitete Tomatensauce.

Tomatensauce

1 kleine Zwiebel	fein hacken,
1-2 Knoblauchzehen	pressen, beides in
Olivenöl	glasig dünsten,
300 g Tomaten	häuten, würfeln, 5-10 Minuten köcheln lassen,
Basilikum	fein hacken, mit
Kräutersalz, Pfeffer	würzen, evtl. mit
Gemüsebrühe	verdünnen. Wer will kann die Sauce noch pürieren.

Ein Wort zu Zwiebel und Knoblauch: sie sorgen angebraten für ein bestimmtes Aroma, das viele mögen. Hin und wieder lasse ich sie aber auch weg, die Sauce schmeckt dann anders, aber auch sehr gut.

Mangoldrollen

250 g Hirse
1/2 l Gemüsebrühe

mit heißem Wasser abspülen, in aufkochen, 5 Minuten kochen, 15 Minuten quellen lassen. Von

800 g großen Mangold-
blättern

die Stiele abschneiden und für ein anderes Gericht beiseitelegen, die Blätter in

Salzwasser

kurz blanchieren, abtropfen lassen.

2 EL Öl,
4 EL Hefeflocken,
2 EL Buchweizenmehl
2 Bund feingehackte
Kräuter,
Kräutersalz,
Schabziegerklee

mit der Hirse vermengen,

untermischen. Die Mangoldblätter mit der Hirsemischung füllen, zusammen-rollen, dicht nebeneinander in eine Auflauf-form geben, mit etwas

Kräutersalz
Gemüsebrühe

bestreuen.
ca. 1 cm hoch in die Form gießen, ca. 30 Minuten mit geschlossenem Deckel dünsten.
Vor dem Servieren kann man

Butterflöckchen

auf die Rollen geben.

Sollten die Blätter zu schwach oder zu dünn sein, einfach 2 oder 3 übereinanderlegen. Dazu passen Salat oder Mischgemüse.

Ganz ähnlich, aber typisch für den Winter sind:

Kohlrouladen

1 Weißkohl	von den unbrauchbaren äußeren Blättern befreien, rund um den Strunk einschneiden, in
Salzwasser	blanchieren, die Blätter nach und nach ablösen, dicke Rippen flachschneiden.
300 g Naturreis	in
600 ml Pilzbrühe	aufkochen und in ca. 30 Minuten garen,
1 Zwiebel	fein hacken, in
Öl (oder Butter)	anbraten, zum fertigen Reis geben, mit
gehackten Kräutern, Kräutersalz, Rosenpaprika, gemahlenem Kümmel	würzen. Die Kohlblätter leicht salzen, die Reisfüllung darauf verteilen, einrollen, eng aneinander in den Topf geben.
Gemüsebrühe	mit
1 EL Tomatenmark	verrühren, 1 cm hoch in den Topf gießen, und in 15-20 Minuten gar dünsten.

Als Füllung eignet sich auch Hirse oder gekochter Grünkernschrot.

Beim nächsten Kohlgericht bilden wieder die Nüsse das Tüpfelchen auf dem „i", ein Gericht, das nicht nur bei Kohlliebhabern gut ankommt. Leider ist Grünkohl bei uns im süddeutschen Raum nicht immer erhältlich. Also, wenn Sie einen sehen, sofort zugreifen und das folgende Gericht zubereiten.

Grünkohlpfanne

800 g Grünkohl	von Strünken und harten Blattrippen befreien, kleinschneiden.
1 Zwiebel	grob zerkleinern, in
Öl	glasig braten.
2 EL Nackthafer,	
2 EL Roggen	grob schroten,
30 g Haselnüsse	grob mahlen, alles mit
2 EL Dinkelmehl	zu den Zwiebeln geben, mitrösten, dann den Grünkohl zufügen, kurz anbraten.
1/2 l Gemüsebrühe	darübergießen, mit
Muskat, Pfeffer	würzen, knapp 15 Minuten dünsten, dabei alles gut durchmischen.

Sehr fein schmecken angebratene Tofustreifen dazu, die man noch 5 Minuten mitgaren läßt.

Noch eine dritte Kohlsorte möchte ich als Gemüsegericht präsentieren, obwohl er sonst meist nur als Salat verwendet wird, doch auch gekocht hat er seinen Reiz, der Chinakohl.

Chinakohl mit Äpfeln und Zwiebeln

1 kg Chinakohl	in nicht zu schmale Streifen und
250 g Zwiebeln	in Scheiben schneiden.
1 Knoblauchzehe	klein hacken, mit den Zwiebeln in
3-4 EL Öl	anbraten.
250 g Äpfel	in Scheiben schneiden, zusammen mit den Kohlstreifen hinzufügen, mit
Salbei, Kräutersalz	würzen, in wenig
Wasser	10 Minuten dünsten.
30 g Sesam	in einer Pfanne ohne Fett anrösten, über den Chinakohl geben.

Den Chinakohl zu gekochten Getreidekörnern, Reis oder Kartoffeln servieren.

Daß man den beliebten Wintersalat „Endivie" auch als Gemüse kochen kann, wissen die wenigsten, doch der Versuch lohnt sich.

Endiviengemüse

1 kg Endiviensalat	den oder die Köpfe vierteln, Strunk entfernen.
1/8 l Wasser	aufkochen, Salat hineingeben, 5 Minuten leicht kochen, dann abtropfen lassen.
30 g Butter	erhitzen,
30 g Roggenmehl	durchschwitzen lassen,
1/4 l Gemüsebrühe	aufgießen, 5 Minuten kochen, vom Herd nehmen,
1/4 l Sahne	einrühren, mit
Salz, Curry,	
Zitronensaft	abschmecken, mit Majorankartoffeln servieren.

Fenchelgemüse

4-6 Fenchelknollen	halbieren,
250 g gemischtes Gemüse (Erbsen, Möhren, Bohnen)	klein würfeln, in
1/2 l Gemüsebrühe	gewürzt mit dem
Saft einer Zitrone	ca. 20 Minuten garen, bis der Fenchel bißfest ist, Fenchel herausnehmen.
1/4 l Gemüsebrühe	mit der Fenchelbrühe aufkochen,
50 g Naturreis	fein mahlen, mit dem Schneebesen schnell in die Brühe einrühren, vom Herd nehmen,
4 EL saure Sahne	einrühren, die Sauce über die Fenchelhälften gießen und mit
Tomatenachteln	garnieren.

Mit einem Eintopf möchte ich dieses Kapitel beschließen. Wer noch die Nähe oder die Erinnerung an Fleisch aufrechterhalten will, kann vorgebratene Tofuwürfel dazugeben, ich serviere den Eintopf ohne.

Pichelsteiner

500 g Kartoffeln,
je 100 g Möhren,
Sellerie, Lauch,
Weißkohl, Zwiebeln   in grobe Würfel oder Scheiben schneiden, in eine gefettete Form schichtweise einfüllen, jede Schicht mit

Majoran, Kümmel,
Salz , Pfeffer   bestreuen.
Knapp 1 l Gemüsebrühe zugießen, im geschlossenen Topf ohne umzurühren 30-40 Minuten garen, gut durchmischen, evtl. noch Gemüsebrühe zugießen. Abschmecken und mit

gehackten Kräutern   anrichten.

PIKANTE KUCHEN UND

PIZZEN

Obwohl dieses Kapitel von der Zahl der Rezepte her gesehen nicht besonders umfangreich ist, läßt sich durch verschiedene Teigvarianten, durch immer andere Getreidearten, durch unterschiedliches Gemüse eine überraschende Vielfalt erreichen, die vergessen läßt, daß üblicherweise Eier und Käse eingesetzt werden. Und zu Tofu als Alternative möchte ich - wie schon erwähnt - auch nicht zu oft greifen.

Gedeckter Gemüsekuchen

220 g Weizen, 120 g Roggen gut 1/8 l Wasser, 20 g Hefe, 60 g Butter, 50 g saurer Sahne	fein mahlen, mit

220 g Weizen,
120 g Roggen
gut 1/8 l Wasser,
20 g Hefe, 60 g Butter,
50 g saurer Sahne

fein mahlen, mit

zu einem geschmeidigen Teig verarbeiten, gut kneten und 60 Minuten ruhen lassen. Gut die Hälfte des Teiges in eine Springform (Ø 26 cm) geben, ausrollen, einen 3 cm hohen Rand formen.

50 g Zwiebeln,
750 g Gemüse
(Lauch, Möhren,
Blumenkohl)
250 g Pilze
Butter
wenig Flüssigkeit
Salz, körniger Brühe
Petersilie

und
kleinschneiden, in
anbraten, in
knapp 15 Minuten dünsten, mit
würzen, frisch gehackte
einrühren, abkühlen lassen und auf den Boden geben. Den restlichen Teig ausrollen, das Gemüse damit abdecken.

1-2 EL saure Sahne

darüber verstreichen, kurz gehenlassen, mit der Gabel einige Male in den Teig stechen, bei 200° C ca. 45 Minuten backen.

Falls Sie dickere Teigböden vorziehen, die Teigmenge geringfügig erhöhen.

● TIP:
Hefeteige sollten immer kräftig geknetet werden, ideal ist eine Knetzeit von etwa 10 Minuten. Nach dem Gehen immer nochmals kurz durchkneten.

Pikanter Möhrenkuchen

250 g Weizen	fein mahlen, mit
150 g Butter,	
4-6 EL Wasser,	
Piment, Anis, Salz	zu einem glattem Teig verarbeiten, 30 Minuten ruhen lassen, dann in einer Springform (Ø 26 cm) ausrollen, einen Rand formen,
500 g Möhren	grob raspeln, in
Öl oder Gemüsebrühe	bißfest garen, abtropfen lassen.
250 g Äpfel	grob raspeln, mit
200 ml saurer Sahne	unter die Möhren mischen (die Masse sollte nicht zu feucht sein). Mit
Koriander,	
Anis, Salz	würzen, auf dem Boden verteilen, bei 180° C ca. 30-40 Minuten backen.

Sie können die Butter auch durch Öl ersetzen, sollten dann aber darauf achten, daß der Teig nicht zu feucht wird.

Ungewöhnlich in der Zusammensetzung, überraschend im Geschmack: die nächste Quiche erfordert den Mut der Köche oder Köchinnen, sie ihren Gästen zum ersten Mal anzubieten. Ich kann Ihnen nur ans Herz legen: haben Sie diesen Mut, bieten Sie Ihren Gästen das Besondere, nämlich die

Ananas-Pilz-Quiche

250 g Dinkel	
50 g Roggen	fein mahlen, mit
100 g Butter, Salz	zu einem Teig kneten, 30 Minuten kalt stellen, in der Form auswellen, Rand formen, mit
Vollkornbrösel	bestreuen.
Je 125 g süße	
und saure Sahne	mit
30 g Dinkelmehl	
50 g gemahlenen	
Haselnüssen	mischen, mit
Kräutersalz, Curry,	
Rosmarin	würzen, feingeschnittene
Petersilie	einrühren.
350 g Champignons,	
300 g Ananas	kleinschneiden, beides auf dem Teig verteilen, mit der Sahnemischung übergießen, 35-40 Minuten bei 200° C backen.

Fast hätte ich auf gut schwäbisch gefragt: „Hads gschmeckt?" Doch da kann man zur Antwort bekommen: „Wanns scho gschmeckt häd, no häd is gar nemma gessa." Denn schmecken auf schwäbisch heißt auch riechen, auch übel riechen. Also vornehm gefragt: „Hat es Ihnen gemundet?"

Die nächsten beiden Gerichte sind mit Tofu zubereitet. Tofu wird hier aber nicht zur Deckung des Eiweißbedarfs verwendet, sondern um eine bestimmte Zubereitungsart der Speisen zu ermöglichen.

Lauchquiche

8 EL kochendes Wasser	mit
3-4 EL Öl	gut verrühren, bis die Flüssigkeit eine milchige Farbe bekommt,
150 g Weizen,	
100 g Grünkern	fein mahlen, Flüssigkeit darübergießen, mit
Salz	zu einem Teig verarbeiten. In einer Springform (Ø 26 cm) auswellen und einen Rand formen.
150 g Möhren	klein würfeln,
600 g Lauch	fein schneiden, zusammen in
1-2 EL Öl	leicht andünsten (der Lauch sollte noch nicht ganz zusammengefallen sein), abkühlen lassen, auf dem Teig verteilen. Lauchsud mit
Gemüsebrühe	zu gut 1/8 l auffüllen, mit
2 EL Öl, Salz,	
Thymian,	
1 EL Sojasauce,	
1 gepreßten	
Knoblauchzehe	würzen.
300 g Tofu	im Mixer cremig schlagen, über das Gemüse streichen, mit
Semmelbrösel	bestreuen, bei 200° C ca. 40 Minuten backen.

Und nun noch eine Pizza. Ganz ohne Käse? „Ja, geht denn das überhaupt", werden Sie sich fragen und: „Schmeckt das denn?"
Hier ist der schlagende Beweis:

Tofu-Mais-Pizza

0,5 l Gemüsebrühe	aufkochen,
200 g Polenta	
(feiner Maisgrieß)	einstreuen, nochmals aufkochen und mindestens 20 Minuten auf ausgeschalteter Platte quellen lassen. Vor dem Erkalten in einer Form ca. 1 cm hoch verteilen, glattstreichen.
3 EL Sojasauce,	
1 TL Senf,	
1 EL Tomatenmark,	
2 TL Basilikum	zu einer Marinade verrühren,
400 g Tofu	in dünne Scheiben schneiden, mit der Marinade übergießen, hin und wieder wenden, damit der Tofu gut mariniert wird.
2-3 Zwiebeln	in Ringe schneiden, in
Öl	andünsten.
500 g Tomaten	in Scheiben schneiden, auf den Maisboden legen, Tofuscheiben und Zwiebeln darüber legen. Mit
Pfeffer	würzen, restliche Marinade darübergießen, bei 180° C ca. 20 Minuten backen.

Lieben Sie Oliven? Dann schneiden Sie 8-10 schwarze klein und geben sie zu der Marinade.

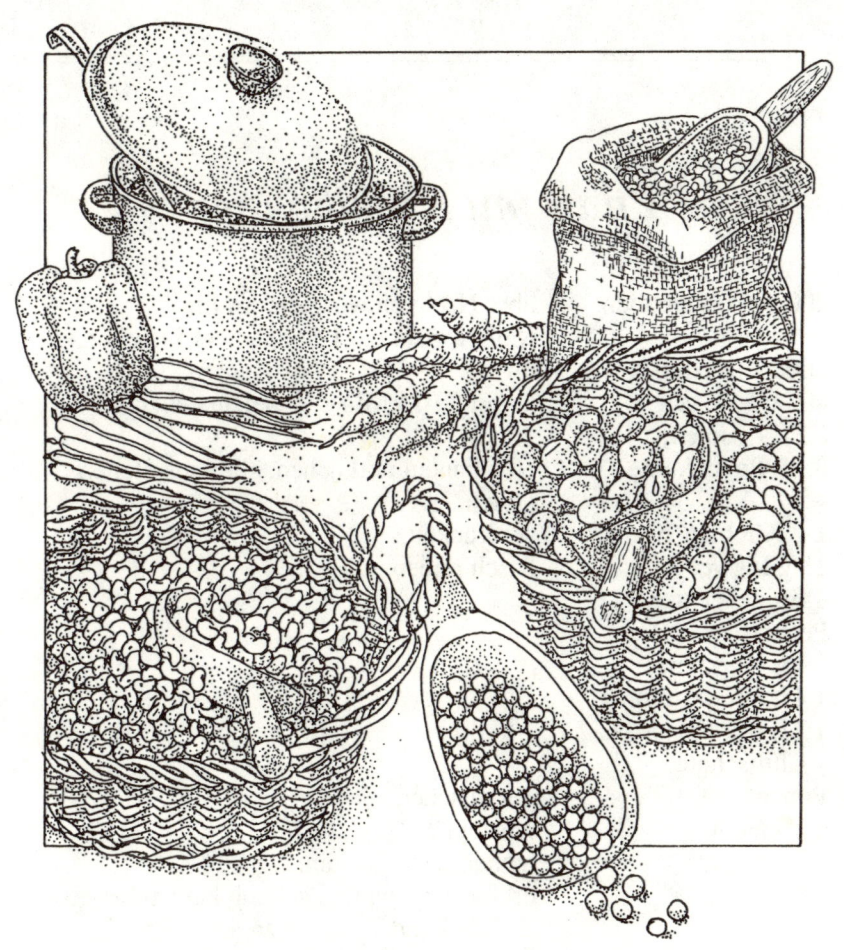

HÜLSENFRÜCHTE

In einem Lokal ist es sehr wichtig, wie man die Gerichte bezeichnet. Nennt man ein Gericht zum Beispiel Pilaw, ist es meist nicht so gefragt, wie wenn es Eintopf oder Bohnentopf hieße.
Doch beim jetzt folgenden Gericht will ich bereits durch den Namen deutlich machen, woher es kommt, nämlich aus der arabischen Küche.

Pilaw mit Azukibohnen

200 g Azukibohnen	über Nacht einweichen, im Einweichwasser ca. 1 Stunde weichkochen,
200 g Naturreis	in
400 ml Wasser	in gut 20-25 Minuten weichkochen.
2 EL Rosinen,	
3 EL Pinienkerne	10 Minuten mitkochen, alles ausquellen lassen,
1-2 Knoblauchzehen	zerdrücken,
15 g Ingwer	frisch reiben, mit
4 EL gehackter Petersilie,	
1 TL Kurkuma,	
1 TL Kreuzkümmel,	
1 TL Rosenpaprika,	
1 Chilischote,	
Piment	gut mischen.
1 Zwiebel	würfeln,
2 Tomaten	häuten, grob hacken.
2 EL Öl	erhitzen, Gewürzmischung kurz anbraten. Zwiebel und Tomaten zugeben, mit dem Reis zu den Bohnen geben. Alles bei geringer Hitze 10 Minuten durchziehen lassen, gut mischen und mit
Petersilie	bestreuen.

Auf Rot lassen wir Grün folgen, kommen also zur Mungbohne. Sie wird bevorzugt im Winter zum Keimen verwendet, schmeckt aber auch gekocht sehr lecker, besonders in der

Mungbohnen-Tomaten-Kasserolle

250 g Mungbohnen	über Nacht quellen lassen,
frisch gehackten	
Salbei	zufügen, in 30 Minuten weichkochen, mit
Kräutersalz	würzen.
250 g tiefgefrorene	
Maiskörner	in
1 EL Öl	anbraten,
4 EL Wasser	zugießen, ca. 10 Minuten kochen, mit
Rosmarin, Salz	würzen.
400 g Tomaten	häuten, mit
2 EL Akazienhonig,	
Salz	pürieren, unter die Bohnen mischen.
	Abwechselnd Tomaten, Bohnen und
	Mais in eine Kasserolle schichten.
2 EL Öl	erhitzen,
60 g Bulgur oder	
Vollkornbrösel	darin bräunen, und mit
Paprikapulver	über die Kasserolle streuen. Im Back-
	ofen bei mittlerer Hitze 15-20 Minuten
	überbacken.

Nun fehlt unter den bei uns üblicherweise erhältlichen Sojabohnen nur noch die gelbe, sie ist gleichzeitig auch die bekannteste. Dazu ein guter Rat: Es ist sehr aufwendig, Sojabohnen zu kochen, deshalb sollten Sie immer eine größere Menge zubereiten. Mit dem Kochwasser bedeckt halten sie sich im Kühlschrank zugedeckt mindestens 5 Tage.

Buntes Bohnenragout

200 g Sojabohnen	in
1 l Wasser	über Nacht einweichen, Einweichwasser unbedingt wegschütten, gut abspülen. Mit
0,4 l Wasser,	
1 EL ÖL	2 Stunden kochen (mit Dampfdruck in 30 Minuten), abtropfen lassen,
150 g grüne Bohnen	in ca. 4 cm lange Stücke schneiden, gut 15 Minuten kochen,
1 EL Öl	erhitzen,
1 Zwiebel	fein schneiden, im Öl glasig braten.
200 g Champignons	je nach Größe halbieren oder vierteln,
200 g Möhren	in lange schmale Stifte schneiden,
200 g Bleichsellerie	in dünne Scheiben schneiden, alles 5 Minuten mitbraten.
3 EL Weizenmehl	mit wenig
Wasser	anrühren, grüne Bohnen und Sojabohnen dazugeben, noch 3 Minuten kochen.

Wer will, kann 150 g saure Sahne hinzufügen, das muß aber nicht sein.

96

Wenn Sie beim vorigen Rezept schon die doppelte Menge Sojabohnen gekocht haben, geht das nächste Rezept ganz schnell.

Bohnen-Zwiebel-Gemüse

400 g kleine Zwiebeln	vierteln, in
4 EL Olivenöl	anbraten, im geschlossenen Topf 10 Minuten dünsten.
200 g gekochte gelbe Sojabohnen, 1 TL Honig, 1 EL körnige Gemüsebrühe	zufügen, unter Rühren in 2-3 Minuten etwas anbräunen, mit
4-5 EL weißem Traubensaft	ablöschen, mit
Thymian, Pfeffer	abschmecken, mit
Petersilie	bestreuen.

Dazu passen Kartoffeln in vielen Variationen, wie wär's mal mit Bratkartoffeln vom schwarzen Kontinent?

Bratkartoffeln afrikanisch

750 g Kartoffeln	in der Schale garkochen, pellen, in dünne Scheiben schneiden, mit
1 TL Kurkuma,	
1 EL körniger Brühe	bestreuen.
50 g Öl	erhitzen,
1 Zwiebel	fein schneiden, darin anbraten,
50 g Buchweizen	mitbraten,
50 g Erdnüsse	reiben, mit den Kartoffeln zugeben, gut 5 Minuten braten.
1-2 Bananen	in Scheiben schneiden, mit
1 TL Honig	dazugeben, vermischen, noch 5 Minuten braten, mit feingeschnittenem
Schnittlauch	bestreuen.

Auch hier erweist es sich wieder: Bananen passen und schmecken immer.

Ein Kochbuch ohne Linsen ist für mich undenkbar, hier also Linsen pikant. Daß man sie auch anders zubereiten kann, erleben wir später.

Linsen mit Backpflaumen

375 g Linsen	einige Stunden in
1 1/4 l Wasser	einweichen.
1 Möhre	raspeln,
1 Lauchstange	kleinschneiden, alles aufkochen,
	in knapp 40 Minuten weichkochen.
200 g Pflaumen	
(getrocknet und	
ungeschwefelt)	in
1/2 l Wasser	einweichen und gut 15 Minuten kochen,
	das Pflaumenwasser zu den Linsen
	geben, mit
Salz, Pfeffer,	
Thymian,	
2 EL Essig,	
1 TL Honig	würzen.
2 Zwiebeln	kleinhacken, in
Öl	anbraten,
50 g gekochte	
Sojabohnen	mitbraten,
1 Bund Petersilie	kleinhacken, mit den Zwiebeln und
	den Bohnen unter die Linsen mischen.
	Die Linsen mit Backpflaumen garnieren.

Ich glaube, nun habe ich einen geeigneten Übergang zu meinen Lieblingsgerichten und der indischen Art zu kochen gefunden und fahre fort mit der

VOLLWERTKÜCHE
INDISCH INSPIRIERT

Ich bleibe weiterhin bei den Hülsenfrüchten:

Kichererbsengemüse

150 g Kichererbsen	über Nacht einweichen und im Einweichwasser in ca. 90 Minuten weichkochen (unter Dampfdruck ca. 30 Minuten).
1 EL gekörnte Brühe Pfeffer, Curry, Chili Koriander, Nelken Kreuzkümmel	in
2 EL Öl	anbraten.
1 Tomate	würfeln,
400 g Gemüse (Möhren, Kohl, Lauch, Sellerie usw.)	kleinschneiden, mit der Gewürzmischung zu den Kichererbsen geben und die letzten 15 Minuten mitkochen lassen.
1 EL Weizenmehl	in etwas
Wasser	verrühren und dazugeben, mit
1-2 EL Kokosraspeln	bestreut servieren.

Wie zu fast allen indischen Gerichten paßt auch hierzu Reis. Schneller läßt sich das Gericht zubereiten, wenn man statt der Kichererbsen Linsen verwendet, durch Hinzufügen von Rosinen oder Kürbiskernen wird das Gericht noch schmackhafter.

Auch beim folgenden Rezept ist die Verbindung Hülsenfrüchte und Gemüse besonders wertvoll.

Indischer Bohnen-Kürbis-Curry

300 g Azukibohnen	in
1 l Wasser	über Nacht einweichen, mit
Ingwer	würzen und aufkochen, in knapp
	90 Minuten weichkochen.
2 Knoblauchzehen	grob hacken, mit
1 getrockneten	
Chilischote,	
Kurkuma, 2 Nelken,	
5 Pimentkörnern,	
Kreuzkümmel, Zimt	im Mörser zerstoßen (man kann auch
	gemahlene Gewürze nehmen) in
2 EL Öl	5 Minuten braten.
500 g Kürbis	schälen und in 1 cm große Würfel
	schneiden.
1 Zwiebel	klein würfeln,
1 grüne Peperoni	fein schneiden, mit Kürbis und Zwiebel in
3 EL Öl	anbraten.
1 Tomate	pürieren, mit dem
Saft 1/2 Zitrone	zugedeckt 15 Minuten dünsten.
	Bohnen, Kürbis und Gewürzmischung
	vermengen, mit
Kräutersalz	abschmecken, bei geringer Hitze 5 Minuten
	durchziehen lassen.
2 EL Sesam	ohne Fett anrösten und über das
	Bohnen-Kürbis-Gemüse
	streuen.

Statt Kürbis eignen sich auch Zucchini gut für dieses Gericht.

Bei den meisten Rezepten habe ich die Schärfe der Gerichte unserem europäischen Gaumen angepaßt, in Indien wird meist sehr viel schärfer serviert. Aber es ist eine angenehme Schärfe, die durch Reis oder Fladen gemildert werden kann, sie führt auch nicht zu einem übermäßigen Durstgefühl wie es der Fall ist, wenn z.b. zuviel Salz verwendet wird.

Sehr scharf liebe ich das folgende Gericht, das ich nur warm, aber nicht heiß genieße - also typisch indisch.

Rettich-Kartoffel-Curry

4-5 rote Rettiche	in schmale lange Stifte schneiden,
4 Kartoffeln	längs vierteln oder achteln.
1/2 TL Chilipulver	
1 TL Kurkuma, Salz,	
1 TL Honig	mischen und kurz ziehen lassen.
5 EL Erdnußöl	sehr heiß werden lassen.
2-3 Lorbeerblätter	
1 TL Kreuzkümmel	
2 Chilischoten	ins Öl geben (Vorsicht, es kann spritzen!). Kartoffeln anbraten und 10 Minuten dünsten, dann die Rettiche zugeben, weitere 10 Minuten mitdünsten. Wenn die Kartoffeln weich sind, mit
Kardamom, Nelken, Zimt	abschmecken.

● TIP:
Um die Schärfe zu mildern, kann man pikant gewürzte saure Sahne mit feingeraspelten Gurken dazu servieren.

Blumenkohl indisch ist einfach ein Gedicht, aber bevor ich zu sehr ins Schwärmen komme, schnell die nächsten Rezepte.

Gewürzte Blumenkohlröschen

1 Blumenkohl in nicht zu kleine Röschen teilen.
2 EL Öl,
1 TL Kuminpulver,
1/4 TL Chilipulver,
1 TL Kurkuma,
Kardamom, Nelken,
Zimt, 1 TL Honig,
1 EL Zitronensaft in etwas Wasser zu einer Paste
verrühren,
1/2 TL Kreuzkümmel dazugeben, Röschen darin wenden, ca.
20 Minuten durchziehen lassen.
2 EL Öl erhitzen, Röschen darin anbraten,
Topf schließen, im Backofen bei
180° C 15-20 Minuten backen, dann die
Hitze auf 120° C reduzieren, weitere
30 Minuten backen, warm servieren.

Spinat indisch

Von 1 kg Spinatblätter
2 EL Erdnußöl
1 TL Senfsamen,
1-2 getrocknete
Chilischoten
1 Zwiebel

Kräutersalz

die dicken Stiele abschneiden.
sehr heiß werden lassen,

ins Fett geben, kurz anrösten.
kleinschneiden, dazugeben, nach
einigen Minuten die Spinatblätter
hinzufügen. Deckel schließen, kurz
dünsten, Hitze verringern, Deckel
öffnen, Flüssigkeit etwas verdunsten
lassen, mit
abschmecken.

Die gute Sauce prägt das nächste Gericht. Da kommt es durchaus vor, daß meine Gäste noch nach einem Kaffeelöffel fragen, um die Sauce wirklich bis zum letzten Rest genießen zu können.

Sahnegemüse

6 EL Öl	erhitzen.
1 Zwiebel	fein hacken, mit
Kumin, Koriander	
Kurkuma, Pfeffer,	
Cayennepfeffer	hellbraun rösten.
1 Knoblauchzehe	fein hacken,
3 EL Ingwer	reiben, beides 2 Minuten mitrösten,
50 g Sahne	zufügen, aufkochen,
3 EL Tomatenpüree	
2 EL gemahlene	
Mandeln	zufügen, kurz mitkochen lassen.
2 Kartoffeln	vierteln und untermischen, knapp 10 Minuten dünsten.
1 kg gemischtes	
Gemüse	kleinschneiden,
wenig Wasser, Salz	zugeben, knapp 15 Minuten kochen,
50 g saure Sahne	unterrühren, nicht mehr kochen, mit
Kardamom, Piment	bestreut servieren.

Und natürlich dürfen auch in diesem Kapitel die Bananen nicht fehlen, also wie wär's mit folgender Kreation?

Bananenragout mit Gewürzreis
in Currysauce

2 Zwiebeln	nicht zu fein würfeln oder in Ringe schneiden,
1 Knoblauchzehe	zerdrücken,
1-2 grüne Paprika	klein würfeln,
1/2 Peperoni	sehr fein hacken,
2-3 Tomaten	würfeln (evtl. vorher häuten). Zwiebeln und Knoblauch in
Öl	andünsten, Paprika zugeben, nach 2-3 Minuten
3 Bananen	in Scheiben schneiden, gemeinsam mit den Tomaten einige Minuten mitdünsten, mit
Piment, Kardamom, Rosenpaprika	würzen und mit
Zitronenmelisse	garnieren.

Gewürzreis

300 g Naturreis	in kaltem Wasser waschen, 15 Minuten quellen lasssen, Wasser abgießen, Reis abtropfen lassen.
3/4 l Wasser	mit
1 halbierten Zwiebel,	
1 TL Zwiebelsamen,	
1 TL Kreuzkümmel,	
3 Kardamomkapseln,	
1-2 Chilischoten	aufkochen, zugedeckt 20 Minuten köcheln lassen, anschließend die Gewürze abseihen und aufbewahren (sie können nochmals verwendet werden).
30 g Öl	erhitzen, Reis vorsichtig darin verrühren, Gewürzwasser dazugeben, und in gut 20 Minuten weichkochen, nach Geschmack
Salz oder körnige Brühe	zugeben.

Curry-Sauce

1/2 l Gemüsebrühe	aufkochen,
40 g Dinkelmehl	mit dem Schneebesen klumpenfrei einrühren, ca. 5-10 Minuten köcheln lassen.
4-5 EL Sahne,	
1 TL Kurkuma,	
1 TL Curry,	
Kräutersalz, Pfeffer	zugeben, alles gut verrühren.

● TIP:
Mein Serviervorschlag: Mit einer Tasse oder einem Portionierer den Reis als Halbkugel in die Tellermitte setzen. Mit dem Bananenragout, grün, rot, weiß, gelb, umlegen, und die gelbe Sauce um die Kugel gießen.

Was trinkt man zu indischem Essen? Natürlich Tee, aber welchen?
Hier mein Vorschlag:

Gewürztee

1 l Wasser	mit
2 Stück Zimtrinde,	
einigen Nelken,	
2-3 Kardamomkapseln	20 Minuten kochen, Gewürze abseihen.
	Wasser nochmals aufkochen,
6-8 TL Schwarztee	damit überbrühen, 3-5 Minuten ziehen
	lassen, mit
Honig (und evtl. Sahne)	servieren.

Anläßlich eines indischen Abends mit einem indischen Koch in der *Salatschüssel* haben wir den Tee gratis zum Menue serviert und sind mit Teekochen kaum nachgekommen, denn nicht wenige Gäste haben 6-8 Tassen und mehr davon getrunken.

Zum Schluß möchte ich noch eine weitere Reiszubereitung vorstellen, es handelt sich hier gleich um eine komplette Mahlzeit.

Gemüsereis indisch

1 Knoblauchzehe	klein hacken,
6 EL Öl	erhitzen,
1 TL Kreuzkümmel,	
1 TL Senfkörner,	
Kurkuma, Ingwer,	
Cayennepfeffer,	
Zimt, Koriander	einige Minuten anbraten.
500 g Auberginen	würfeln,
100 g Frühlings-	
zwiebeln	in Ringe schneiden,
200 g Bohnen	in 3-4 cm lange Stücke schneiden,
200 g Tomaten	würfeln, alles zu den Gewürzen geben und anbraten.
300 g Naturreis	wie gewohnt kochen, die Hälfte in eine Auflaufform geben, darauf das ange- bratene Gemüse geben, den übrigen Reis mit
Nüssen und	
Rosinen	mischen (Menge nach Geschmack), über das Gemüse geben, zugedeckt ca. 35-40 Minuten bei 200° C backen.

Nun geht es mir wie einem Radio- oder Fernsehmoderator, wie finde ich den richtigen Übergang zum nächsten Kapitel? Eine passende Überleitung habe ich diesmal nicht parat, fahren wir eben ohne eine solche fort.

PÜREES

Die folgenden Pürees eignen sich gut als Beilagen zu Küchle, Getreide- oder Kartoffelgerichten.

Möhrenpüree

500 g Möhren	und
300 g Kartoffeln	würfeln, ca. 15 Minuten in wenig
Gemüsebrühe	dünsten.
1 Zwiebel	fein hacken, in
Öl	anbraten, alles pürieren, mit
Kräutersalz	würzen, evtl. noch
1/8-1/4 l Gemüse-	
brühe	zugeben, alles gut durchmischen und
	warm servieren.

Man kann die Gemüsebrühe auch ganz oder teilweise durch Sahne ersetzen.

Etwas aufwendiger ist die Herstellung des Selleriepürees.

Selleriepüree

1 kg Sellerie	grob würfeln,
1 Knoblauchzehe	pressen, beides in
1/4 l Gemüsebrühe	in 20 Minuten weichdünsten, anschließend pürieren.
3 EL Grünkern	sehr fein mahlen, darüberstäuben und unterrühren.
1/4 l Sojamilch (oder je zur Hälfte Sahne und Wasser)	erhitzen, mit dem Schneebesen einrühren, mit
2 EL Zitronensaft, 1 TL Honig, Selleriesalz	würzen, unter ständigem Rühren auf der Platte etwas eindicken lassen,
1 EL Öl, Kräuter	einarbeiten.

Ein nicht gerade übliches Gericht, vielleicht gerade deshalb so gut und interessant.

114

Weißkrautpüree

500 g Weißkraut	fein raspeln,
2 Zwiebeln	fein würfeln, beides in
1/8 l Pilzbrühe	5 Minuten kochen, anschließend pürieren,
4 EL Sahne,	
60 g Butter	einarbeiten, mit
Tomatenachteln	garnieren.

Unschlagbar im Geschmack ist das letzte Püree, aber leider ist der Zeitaufwand ziemlich hoch, denn Topinambur vorzubereiten dauert ein bißchen, selbst wenn sie so frisch sind, daß sie nicht geschält, sondern nur gebürstet werden müssen. Doch wenn Sie im Winter etwas wirklich Tolles bieten wollen, sollten Sie die Mühe nicht scheuen.

Topinamburpüree

500 g Topinambur	gut bürsten, notfalls schälen, würfeln,
3 EL Öl	erhitzen, Topinambur andünsten, nach und nach
3/8 l Wasser	zugießen, 30-40 Minuten weichdünsten.
500 g Kartoffeln	weichkochen, schälen, mit den Topinambur durchpressen, mit
Kräutersalz	würzen.
	Nach Geschmack mit
Sahne	abschmecken.

PILZGERICHTE

Aus Pilzen lassen sich herrliche Feinschmeckergerichte zaubern, wobei es durchaus nicht immer die teuersten Sorten sein müssen - obwohl auch Pfifferlinge durchaus ihren Reiz haben, wie wir noch sehen werden.

Champignon-Zwiebel-Kasserolle

400 g Zwiebeln	vierteln oder achteln,
400 g Möhren	scheibeln. Zwiebeln in
Öl	anbraten, Möhren 5 Minuten mitdünsten.
400 g Champignons	halbieren oder vierteln und noch 10 Minuten mitgaren, mit
Koriander, Thymian,	
Salz, Pfeffer	würzen.
	Man kann noch
1 EL Butter	unterziehen.

Kartoffeln in allen Variationen sind die ideale Ergänzung.

Ingwer-Champignons

3 EL Erdnußöl — erhitzen,
20-30 g Ingwer — reiben,
100 g Zwiebeln — klein würfeln,
1 Knoblauchzehe — pressen. Alles mit
1 Chilischote
(getrocknet) — im Öl anbraten.
1 EL Kreuzkümmel — in einer Pfanne ohne Fett anrösten,
750 g Champignons — vierteln, mit dem gerösteten Kreuzkümmel
zu den Gewürzen geben, mit
1 EL Zitronensaft — gut 5 Minuten braten, mit
Kräutersalz — abschmecken.
Heiß oder kalt servieren.

Während Sie bisher kleine oder normal große Pilze verwenden konnten, brauchen Sie jetzt Champignons mit großen Köpfen, die Sie füllen können.

● TIP:
Da Sie diese Pilze nicht immer bekommen, sollten Sie sie rechtzeitig bestellen.

Gefüllte Champignons

12-16 große	
Champignons	Stiele abschneiden, diese mit
200 g Champignons	klein würfeln, in
Öl	anbraten, mit
körniger Pilzbrühe	würzen.
150 g gekochten Reis	und
150 g Vollkornbrösel	dazugeben, mischen, kräftig mit
1 EL Tomatenmark,	
Paprika, Salz,	
Pfeffer	würzen.
Basilikum	fein hacken und einarbeiten, die
	Champignonhüte damit füllen, in
	eine gefettete Auflaufform setzen,
Gemüsebrühe	ca. 1/2 cm hoch einfüllen, und bei
	180° C 15 Minuten im Ofen backen.

Dazu können Sie eine Tomaten-, Sahne- oder Currysauce mit Vollkornnudeln servieren, oder Sie essen die Pilze als leckere Vorspeise.

Nicht ganz billig, aber ihren Preis wert sind Pfifferlinge. Das nächste Gericht können Sie aber auch mit Champignons zubereiten.

Pfifferlinge auf Blattspinat

1 kg Blattspinat	möglichst jung und zart, in
wenig Wasser	andünsten, mit
Kräutern, Pfeffer,	
1 kleingehackten	
Zwiebel,	
100 g Butter	mischen.
500 g Pifferlinge	in
50 g Butter	anbraten, mit
Salz, Pfeffer	würzen. Spinat auf den Teller geben,
	mit den kurzgebratenen Pilzen
	bedecken.

Mit einer weißen Sahne- oder einer roten Tomatensauce übergießen und mit Petersilienkartoffeln servieren.

Vollkornnudeln harmonieren gut mit Pilzen, so auch beim folgenden Rezept.

Austernpilze in Salbeisauce auf Vollkornnudeln

1 Zwiebel	fein hacken, in
30 g Butter	andünsten.
500 g Austernpilze	vom Strunk befreien, in nicht zu kleine Würfel schneiden, mitbraten.
2-3 EL Salbei	fein hacken, mit
200 g Sahne	mischen, über die Pilze gießen, Pilze bei mäßiger Hitze kurz darin ziehen lassen, mit
Salz, Pfeffer	abschmecken.

Vollkornnudeln

150 g Dinkel	und
100 g Buchweizen	sehr fein mahlen, mit
6 EL Öl	
15 EL Mineralwasser	zu einem knetfähigen Teig verarbeiten, mit
Kräutersalz	würzen, gut 30 Minuten quellen lassen, falls notwendig, Öl und Wasser im gleichen Verhältnis zugeben, auf leicht eingeölter oder bemehlter Arbeitsfläche dünn ausrollen, trocknen lassen, in ca. 5 mm breite Streifen schneiden.
1,5 l Wasser	aufkochen,
Salz, 1 EL Öl	zugeben und die Nudeln garen.

Die Nudeln auf die Teller geben, die Pilze mit der Sauce darübergießen, mit Salbeiblättern und Tomatenachteln garnieren.

Weil wir gerade bei Teigwaren sind, machen wir doch gleich weiter mit Spätzle und Getreidegerichten.

122

GETREIDEGERICHTE

Für mich als Schwabe gehören Spätzle einfach in die Vollwertküche, wenn auch die eifreie Version nicht ganz einfach zuzubereiten ist. Sie kleben leicht zusammen, aber mit ein wenig Übung klappt es ganz gut.

Die Salbeispätzle passen gut zu dem vorherigen Pilzgericht, nur wird dann die Sahnesauce ohne Salbei zubereitet. Gut schmecken die Spätzle auch mit gebratenen Selleriescheiben und Kartoffelsalat.

Salbeispätzle

500 g Dinkel	fein mahlen, mit
knapp 1/2 l Wasser	und
20 g Hefe	glattrühren, 30 Minuten quellen lassen.
frischen Salbei	sehr fein hacken, mit
Kräutersalz	in den Teig rühren.
2-3 l Salzwasser	mit
2 EL Öl	aufkochen, Spätzle hineinschaben oder pressen, umrühren, damit sie nicht zusammenkleben. 1 Minute kochen lassen, mit dem Sieblöffel herausnehmen und anrichten. Mit geschmälzten Zwiebeln garnieren.

Als ich das folgende Gericht in der *Salatschüssel* zum ersten Mal angeboten habe, entstand mehr oder weniger ungewollt eine ungewöhnliche Form. Zwei Stammkundinnnen überlegten gemeinsam, an was sie diese Gemüsetaschen nur erinnern. Bald hatten sie die Lösung und benannten das Gericht neu. Sie bestellen seither keine Gemüsetaschen mehr, sondern „vegetarische Schildkröten".

Gemüsetaschen

600 g Weizen	fein mahlen,
150 g kalte Butter	kleinschneiden, beides mit
60 g Hefe,	
300 ml Wasser, Salz	zu einem glatten Teig kneten. 1 Stunde in den Kühlschrank legen.
800 g Gemüse	
(Möhren, Sellerie,	
Kohl, Fenchel usw.)	kleinschneiden oder würfeln, in
1/8 l Gemüsebrühe	15 Minuten köcheln lassen.
40 g Hafer	zu Flocken quetschen oder grob schroten, zum Gemüse geben, nochmals aufkochen, von der Platte nehmen.
2 EL saure Sahne	unterrühren, etwas abkühlen lassen.
	Teig nochmals durchkneten, dann zu viereckigen oder runden Platten auswellen, Gemüse darauf verteilen, Teig übereinanderschlagen oder eine zweite Teigplatte über das Gemüse legen, Ränder mit Wasser bestreichen und fest zusammendrücken, auf ein leicht gefettetes Backblech legen, mit
saurer Sahne	bestreichen, ca. 40 Minuten bei 200° C backen, mit Kräutersauce servieren.

Kräutersauce

60 g Roggen	fein mahlen.
1/2 l Gemüsebrühe	aufkochen, Mehl mit dem Schneebesen klumpenfrei einrühren, 5 Minuten kochen.
1 Bund gemischte Kräuter	mit dem Wiegemesser fein wiegen, in die Sauce geben, mit
Curry, Paprika, Kräutersalz	abschmecken.

Die Sauce kann man auch gut zum gefüllten Getreidebraten reichen.

Gefüllter Getreidebraten

200 g Weizen
100 g Buchweizen
600 ml Wasser

500 g Gemüse
(Erbsen, Paprika,
Möhren)
Öl

Salz, Pfeffer,
Oregano,
körniger Brühe

2 Gurken

Dillspitzen

und
mittelfein mahlen.
aufkochen, das Mehl einrühren,
nochmals aufkochen und quellen lassen.

klein würfeln, in
leicht andünsten, in den noch heißen
Getreideschrot einrühren. Mit

abschmecken, Die Hälfte der Masse in
eine gefettete Auflaufform geben.
in Scheiben schneiden, auf die Masse
legen, mit
bestreuen. Darauf die restliche
Getreide-Gemüsemischung geben, im
Backofen bei 200° C ca. 60 Minuten garen.

Weizen-Schrot-Topf

400 g Kohlrabi,	
200 g Zucchini,	
200 g Möhren	kleinschneiden,
1 Knoblauchzehe	sehr fein schneiden, alles in
1,5 l Gemüsebrühe	sowie
50 g Tomatenmark	aufkochen, 15 Minuten köcheln lassen.
200 g Weizen	grob schroten, kräftig einrühren, mit
Selleriesalz,	
Estragon, Rosmarin	würzen.
1 Zwiebel	hineinreiben, weitere 5 Minuten köcheln lassen.
300 g Tomaten	vierteln,
Petersilie	fein hacken, beides unterziehen, evtl. noch Gemüsebrühe nachgießen, sofort servieren.

Statt Weizen können Sie auch sehr gut Roggen, Gerste oder Grünkern nehmen, bei Beachtung der entsprechenden Einweichzeit sind auch die ganzen Körner verwendbar. Wie beim vorigen Rezept können Sie auch hier anderes Gemüse z.b. Sellerie, Lauch, Blumenkohl, Weißkraut, Wirsing, Rosenkohl oder Paprika verwenden.

Sie können Pilze oder kleine geviertelte Zwiebeln hinzufügen, kurzum aus einem Rezept entstehen 20-25 verschiedene Gerichte.

Dasselbe gilt auch für die Getreide-Gemüse-Pfanne, von der ich Ihnen eine Version vorstellen möchte.

Grünkern-Möhren-Pfanne

200 g Grünkern	in
1/2 l Wasser	einige Stunden einweichen, dann mit
1 EL körniger Brühe	aufkochen, in gut 30 Minuten weichkochen
	und auf der ausgeschalteten Platte quellen
	lassen.
800 g Möhren	in schmale Stifte schneiden,
1 Lauchstange	in schmale Ringe schneiden, beides in
Öl	anbraten, mit wenig
Gemüsebrühe	in ca. 15 Minuten bißfest dünsten, mit
Majoran, Rosmarin,	
Salz, Paprika	würzen.
1 Bund Schnittlauch	kleinschneiden, mit dem noch warmen
	Grünkern zum Gemüse geben, alles
	durchmischen, abschmecken.
	Evtl. noch
1 EL Butter	einrühren und servieren.

● TIP:
Roggen, Weizen, Dinkel und Gerste sollten Sie immer einige Stunden, am besten über Nacht einweichen, ohne Salz weichkochen, erst kurz vor Ende der Kochzeit würzen und wenn genügend Zeit ist, noch nachquellen lassen. Grünkern, Reis, Buchweizen, Hafer und Hirse brauchen nicht oder nicht lange eingeweicht zu werden, Hirse sollten Sie vorher aber immer im Sieb heiß abspülen.

Bleiben wir bei den Getreidegerichten und wenden wir uns Pfannkuchen, Crêpes und Fladen zu.

PFANNKUCHEN

Pfannkuchen ohne Eier sind nicht ganz einfach zuzubereiten, Sie sollten daher anfangs nur kleinere ausbacken, diese lassen sich leichter wenden. Wählen Sie außerdem Getreide mit hohem Kleberanteil wie Dinkel oder auch Buchweizen, oder kombinieren Sie zumindest mit diesen Getreidearten.

Dinkelpfannkuchen

200 g Dinkel	und
50 g Buchweizen	sehr fein mahlen, mit
knapp 1/2 l	
Mineralwasser,	
Salz	zu einen Teig verrühren, gut 30 Minuten
	quellen lassen. In
Öl	langsam kleine Pfannkuchen
	ausbacken.

Wenn Sie Süßes dazu essen wollen, können Sie noch einen oder zwei Teelöffel Honig in den Teig geben, aber Vorsicht, der Pfannkuchen bräunt dann schneller.

● TIP:
Raspeln Sie noch einen Apfel in den Teig, schmecken Sie mit Vanille und Zimt ab, und Sie haben vorzügliche Apfelpfannkuchen.

Eigenwillig, aber gut schmecken die aus Maismehl hergestellten me-
xikanischen Tortillas.

Maistortillas

50 g Weizen	fein mahlen, mit
200 g Maismehl,	
600 ml Wasser	
3 EL Öl	
Koriander, Salz	gut verrühren. Zugedeckt 2 Stunden
	quellen lassen. Der Teig sollte
	eine suppenartige Konsistenz haben.
Erdnußöl	stark erhitzen, Teig in die Pfanne
	geben, bei hoher Hitze so lange backen,
	bis die Oberseite fest wird und sich die
	Tortilla leicht vom Boden lösen läßt,
	umdrehen und fertigbacken.

Reispfannkuchen mit Kreuzkümmel

125 g Reis	fein mahlen, mit
125 g Vollkorngrieß	
375 ml Wasser	in die Schüssel geben, 3-4 Stunden
	quellen lassen.
1-2 Frühlings-	
zwiebeln,	
1 TL grob gehackten	
Kreuzkümmel, Salz	zugeben, gut verrühren, evtl. noch
Wasser	hinzugeben, der Teig sollte
	dünnflüssig sein.
Öl	erhitzen, Teig in die Pfanne geben,
	3 Minuten backen, etwas Öl um den Rand
	des Pfannkuchens träufeln, noch 1-2 Minuten
	weiterbacken, wenden und fertigbacken.

Wie das vorige, so ist auch nächste Gericht der indischen Küche entlehnt, hier ist aber nicht Getreide die Grundlage, sondern gemahlene Hülsenfrüchte.
Wenn Sie andere Gewürze verwenden, also evtl. nur Salz, Pfeffer und Muskat, verlieren die Pfannkuchen alles Exotische und können dann wie normale Pfannkuchen verwendet werden.

lecker + schnell !!

X *Kichererbsenpfannkuchen*

250 g Kichererbsen	fein mahlen, mit
400 ml Wasser	zu einem glatten Teig verrühren.
100 g Zucchini	sehr fein raspeln,
1 EL Ingwer	fein hacken,
1 Peperoni	ebenso,
Paprika, Salz	unterrühren, in heißem
Öl	ausbacken, während des Backens noch
	Öl dazugeben, wenden und fertig-
	backen.

Bitte üben Sie erst ein bißchen, bevor Sie diese Pfannkuchen das erste Mal Ihren Gästen präsentieren, damit es Ihnen nicht so geht wie mir. Beim ersten Mal hat alles glänzend geklappt, doch beim zweiten Mal sind mir nur die Hälfte der Pfannkuchen gelungen. Da im Lokal die Gäste schon warteten, war ich nicht geduldig genug gewesen und habe meist zu früh versucht, die Pfannkuchen zu wenden, und das ging schief. Aber: Erfahrung macht klug.

● TIP:
Entwickeln Sie beim Kochen Phantasie und Mut, anfangs jedoch sollten Sie sich bei den Rezepten - bis Sie genügend Sicherheit haben - doch an die Mengenangaben halten.

SÜSSE SPEISEN

Nun kommen wir zu meinen „Donnerstaggerichten", der Donnerstag ist nämlich in der *Salatschüssel* der süße Tag, hier biete ich die folgenden und natürlich noch viele andere süße Gerichte an.

Anfangs waren wir sehr vorsichtig und haben nur einige wenige Portionen vorbereitet, aber schon bald mußten wir die Mengen deutlich erhöhen. Wenn Sie die folgenden Gerichte nachkochen und einen „süßen Zahn" haben, werden Sie wahrscheinlich diejenigen unter meinen Gästen verstehen, die ihr Gericht immer schon vorbestellen.

Carob-Reis-Küchle mit Fruchtsauce

250 g Reis
500 ml Wasser, Zimt,
Vanille
100 g Haselnüsse
2-3 EL Carob
100 g Honig

Öl

in

aufkochen, gut 20 Minuten köcheln lassen,
fein mahlen,
und
einarbeiten, den Reis auf ausgeschalteter
Platte ausquellen lassen. Den noch
warmen Reis auf ein mit kaltem
Wasser abgespültes Blech streichen,
erkalten lassen und in Rauten schneiden.
Die Reisrauten in heißem
beidseitig ausbacken. Wer es ganz süß
mag, träufelt noch ein wenig Honig
darauf.

Wir servieren dazu eine weiße oder zumindest helle Fruchtsauce.

Johannisbeerfruchtsauce

500 g weiße
Johannisbeeren   mit
2-3 EL Honig,
Zimt, Piment   und
1/8-1/4 l Wasser   pürieren, evtl. aufkochen und servieren.
                        Man kann die Soße warm oder kalt an-
                        bieten.

Beim Reisrezept haben wir den Honig in den heißen Reis eingerührt, dabei verliert er zumindest teilweise seine besonderen Vorzüge, d.h. die in ihm enthaltenen Vitamine und Enzyme werden zerstört. Es wäre also eigentlich besser, ihn bei möglichst niedrigen Temperaturen zu verwenden, der Nachteil ist allerdings, daß er bei manchen Gerichten die Konsistenz verändert, man muß also entscheiden, wann es richtig ist, den Honig einzuarbeiten.

Der österreichischen Küche entlehnt sind die Buchteln, die man ge-
füllt oder ungefüllt, süß oder pikant verwenden kann.

Buchteln

400 g Weizen	fein mahlen, mit
200 ml Wasser, Salz,	
40 g Hefe	zu einem Teig verarbeiten, gut durch-
kneten, ca. 30 Minuten an einem warmen Ort
gehen lassen. Teig nochmals kneten,
eine Rolle formen, 10-12 gleich-
große Stücke abschneiden und zu
Kugeln formen. Diese dicht nebeneinander in eine gefettete
Auflaufform setzen, nochmals gehen
lassen, im vorheizten Ofen bei 200° C
ca. 20 Minuten backen.

Mit Frucht- oder Vanillesauce servieren.

Sie können die Buchteln mit Pflaumen, geraspelten Äpfeln oder auch
mit Fruchtpüree füllen.

Vanillesauce

1/2 l Sojamilch
(oder halb Wasser,
halb Sahne)
Vanille   mit
50-80 g Reis   kräftig würzen und aufkochen,
                 sehr fein mahlen, mit dem Schneebesen
                 schnell klumpenfrei einrühren, auf
                 ausgeschalteter Platte ausquellen lassen,
                 hin und wieder umrühren.

Ich nehme statt Vanille auch sehr gerne Zimt.

Gebackene Aprikosenknödel

300 g Weizen 1 TL Backpulver Zimt, Salz, abgeriebener Zitronenschale 175 g Butter 125 g Honig 12-16 Aprikosen	fein mahlen, mit mischen, kalt darüberschneiden, zugeben, alles zu glattem Teig verarbeiten, 30 Minuten ruhen lassen. Teigstücke abnehmen, glattdrücken, auf ein leicht gefettetes Blech legen, den Teig um die Aprikosen verteilen, bei 200-225° C ca. 20 Minuten backen.

● TIP:
Wenn Sie ein wenig Zeit haben, können Sie das Gericht noch mit
selbstgemachtem Marzipan verfeinern: anstelle des Kerns eine Marzi-
pankugel in die Aprikose stecken.

Natürlich können Sie auch Zwetschgen oder Pflaumen für das Gericht
verwenden, ich nehme sie beim nächsten Rezept.

Fränkische Zwetschgenpastete

100 g Nüsse	grob reiben,
250 g Weizen	fein mahlen, beides mit
100 g Butter, Zimt,	
125 g Honig	zu Streuseln verarbeiten.
600-800 g Zwetschgen	entsteinen, halbieren oder vierteln,
	unter die Streusel mischen, in eine
	gefettete Auflaufform geben, ein
	wenig zusammendrücken, einige
Nüsse	halbieren und die Pastete damit garnieren.
	Bei 200° C ca. 40 Minuten backen, warm
	servieren.

Wenn Sie Mais mögen, werden Sie vom nächsten Rezept begeistert sein. Ist Mais nicht gerade Ihr Lieblingsgetreide, so können Sie den Maisgrieß ganz oder teilweise durch Weizengrieß ersetzen.

Apfel-Mais-Auflauf

800 g säuerliche Äpfel	in dünne Scheiben schneiden, in eine gefettete Auflaufform einschichten, mit
2 EL flüssigem Honig	beträufeln.
125 g Polenta	mit
Salz	mischen,
60 g Butter	mit
80 g Honig	vermischen, die Hälfte der Honigbutter mit
1/2 l saurer Sahne	steif schlagen, über die Polenta gießen, gut vermischen, die Äpfel damit bedecken.
1-2 EL Orangensaft	zur restlichen Butter-Honigmischung geben, den Auflauf damit beträufeln, bei 200° C ca. 50-60 Minuten backen.

Dieses Gericht eignet sich auch gut als Dessert, die angegebene Menge reicht dann mindestens für 6 Personen, und damit sind wir beim Höhepunkt einer festlichen Mahlzeit angelangt, beim Dessert.

143

DESSERTS

Bei dieser Gelegenheit möchte ich einfach mal aus dem Nähkästchen plaudern und Ihnen erzählen, wie ein neues Gericht entstehen kann, vom ersten Gedanken bis zum schmackhaften Ende. Ich bin ein großer Liebhaber von Linsen in allen Variationen, doch süß als Dessert hatte ich sie noch nie gegessen und auch noch kein Rezept dafür gefunden. Das reizte mich. Mit einem meiner Stammgäste, einem begeisterten Hobbykoch, diskutierte ich gelegentlich darüber, ob es möglich sei, aus Linsen etwas Süßes zu zaubern.

Doch man nimmt sich einfach zu selten die Zeit, etwas auszuprobieren. Dann kam die Entscheidung dieses Buch zu schreiben, und ich dachte: jetzt oder nie.

Ich entschied mich, die Linsen in Honigwasser zu garen und mit viel Zimt zu würzen. Dann pürierte ich sie, doch mir war das alles noch nicht cremig genug. Aber zuviel Sahne wollte ich auch nicht dazugeben. Was hilft immer? Richtig, es sind - mal wieder - Bananen. Ich zerdrückte eine Banane mit der Gabel zu Mus und rührte sie unter. Schmeckte schon ganz gut, aber vom Aussehen her erinnerte das Ganze zu sehr an Leberwurst. Das kommt nicht an. Also fügte ich 1-2 EL Carob hinzu, und schon sah es sehr appetitlich aus. Blieb noch die Frage: wie servieren?

Mit Obst, keine Frage! Glücklicherweise habe ich meinen Obsthändler gleich um die Ecke, ich ging schnell zu ihm und sah mich um. Was könnte vom Aussehen und vom Geschmack her passen? Was verfärbt sich nicht. Kiwi war die Lösung an diesem Tag.

Am Abend bot ich meinen Gästen das Dessert an und erntete viel Beifall. Ein Gast, der gerade einen Kochkurs bei mir machte, wollte das Rezept gleich am nächsten Kursabend ausprobieren. An einem anderen Tisch wurde überlegt, wie man das Dessert nennen könnte, meine Gäste sind da, wie schon erwähnt, durchaus erfinderisch.

Unten grün, dann kommt braun und oben eine weiße Kappe, sieht aus wie der Kilimandscharo, Kiwi ist dabei, es ist etwas zum Essen, dann nennen wir das Ganze einfach

Kiwimangaro

100 g Linsen	mit
gut 1/4 l Wasser,	
2 EL Honig, Zimt	weichkochen, das Wasser sollte zum Schluß
	ganz aufgesogen sein. Anschließend mit
1 kleinen Banane	und
1/8 l Sahne	im Mixer pürieren,
1-2 EL Carob	und nach Geschmack noch
Honig	einrühren, kaltstellen.
4 Kiwi	halbieren, etwas aushöhlen, mit der
	Linsencreme füllen, ausgehöhltes
	Fruchtfleisch kleinschneiden, damit und
	mit geschlagener
Sahne	dekorieren.

Doch nun zu normaleren Desserts, beginnen wir mit Marzipan und Reis.

Marzipan

100 g Mandeln	und
2 bittere Mandeln	mit heißem Wasser überbrühen, Haut abziehen, dann sehr fein mahlen.
50 g Honig	zufügen, in der Küchenmaschine rühren, bis sich ein Kloß gebildet hat.

Das selbstgemachte Marzipan können Sie für viele Desserts, Kuchen usw. als Füllung verwenden oder bei Kernobst den Stein durch etwas Marzipan ersetzen.

Marzipanreis

150 g Marzipan	nach vorherigem Rezept herstellen.
200 g Reis	in
400-500 ml Wasser,	
Zimt	aufkochen und in ca. 30 Minuten fertiggaren, quellen lassen. Das Marzipan in den noch warmen Reis einrühren, erkalten lassen und mit
Zimt	bestreut servieren.

Wenn Sie das Ganze lockerer möchten, ziehen Sie noch 1/4 Liter geschlagene Sahne unter den Reis.

Gersten-Nuß-Creme

1/2 l Wasser	aufkochen.
120 g Gerste	sehr fein mahlen, mit dem Schneebesen schnell einrühren, damit es keine Klumpen gibt. Unter Rühren aufkochen und auf ausgeschalteter Platte quellen lassen.
50 g Haselnüsse	fein reiben, mit
2-3 EL Honig,	
Vanille	in die noch warme Creme einrühren.
1 Birne	grob raspeln, unter die erkaltete Creme ziehen.

Auch hier kann man Sahne zugeben. Statt der Birne eignet sich auch ein Apfel.

Äpfel kann man sehr gut für die verschiedensten Desserts verwenden,
hier zwei Beispiele:

Apfelpiroggen   sehr lecker

500 g Weizen oder Dinkel	sehr fein mahlen, mit
20 g Hefe, 1 EL Honig, 50 g Butter, knapp 1/4 l Wasser	einen Hefeteig bereiten, gut kneten und an einem warmen Ort 30 Minuten gehen lassen. Teigstücke abnehmen, rund auswellen (10 cm im Durchmesser).
300 g Äpfel Zimt, Vanille, Zitronensaft	grob raspeln, mit mischen. Auf die eine Teigplattenhälfte 2-3 EL Äpfel geben, die andere Hälfte darüberschlagen. Die Piroggen mit
1-2 EL Sahne	bestreichen, auf ein leicht gefettetes Backblech legen, bei 200° C ca. 20-25 Minuten backen.

● TIP:
Da die Piroggen nicht nur warm, sondern auch kalt ausgezeichnet
schmecken, mache ich immer gleich die doppelte Menge. Wenn trotz-
dem mal etwas übrig bleibt: sie eignen sich auch gut zum Einfrieren.

Ein kalter Winterabend, eine warme Stube, vielleicht Kerzenlicht, Tannennadelduft und dazu Bratäpfel - und ein Märchen wird wahr.

Bratäpfel

100 g getrocknete Aprikosen	einige Stunden einweichen, klein-schneiden.
150 g Feigen	klein würfeln,
40 g Mandeln	grob hacken, mit
1-2 EL Honig	mischen, gut die Hälfte der Obststücke dazugeben.
4 Jonathanäpfel	Kerngehäuse ausstechen, mit der Honig-Mandel-Obstmischung füllen,
Butterflöckchen	auf die Äpfel setzen, im Backofen ca. 25 Minuten backen, während der letzten 5 Minuten das restliche Obst um die Äpfel legen,
1-2 EL Obstsaft	in die Auflaufform geben, mit Zimt bestreut servieren.

Auch hierzu paßt geschlagener Tofu oder Schlagsahne.

Nun noch 2 leckere Obstdesserts:

Pflaumen in Obstpüree

50 g Marzipan	(siehe S. 146)
250 g Pflaumen	entsteinen und halbieren, in jede Hälfte anstelle des Kerns eine Marzipankugel setzen.
150 g Pfirsiche	schälen, entsteinen, mit
1 EL Zitronensaft	und
1 EL Honig	pürieren.
1/4 l Sahne	steifschlagen und unterziehen. In Schälchen füllen, Pflaumenhäften daraufsetzen.

Melonenkörbchen

1 Honigmelone	vierteln, mit dem Löffel Kerne herauslösen, Melonenviertel unten vorsichtig flachschneiden, damit sie stehen bleiben.
1-2 Bananen	pürieren, mit
1 TL Zitronensaft,	
1 TL Honig,	
400 g roten Träuble	mischen, auf die Melonenviertel geben, mit
Zimt, Nelkenpulver	bestreuen und mit Schlagsahne oder geschlagenem Tofu garnieren.

Für alle Nichtschwaben:
Träuble sind keine kleinen Trauben, sondern Johannisbeeren.

Geschlagener Tofu

200 g Tofu	mit
100 ml Obstsaft,	
1-2 EL Honig,	
Zimt, Vanille	im Mixer cremig schlagen.

151

Und hier noch eine Tofuvariante:

Erdbeertofu à la Ingrid

150 g Mandeln	sehr fein mahlen, mit
150 ml Wasser,	
150 g Butter	schaumig rühren,
3 EL Honig,	
1 TL Backpulver,	
150 g Dinkelmehl,	
Vanille	unterrühren, auf einem Backblech verteilen, (die Fläche sollte doppelt so groß sein wie die später benötigte Auflaufform). Bei 200° C ca. 25-30 Minuten backen, abkühlen lassen, halbieren, mit der einen Hälfte den Boden einer Auflaufform bedecken, mit
kaltem,	
sehr starkem	
Getreidekaffee	tränken.
800 g Tofu	mit
600 g Erdbeeren	
200 ml Traubensaft	und
4-6 EL Honig	pürieren, mit
Vanille, Zimt	würzen, die Hälfte der Masse auf den Boden geben, das Ganze wiederholen, zum Schluß gesiebtes
Carobpulver	darüberstäuben. Im Kühlschrank mindestens 1-2 Stunden kaltstellen, mit
einigen Erdbeeren	garnieren.

152

Mit einem Mohndessert möchte ich schließen:

Mohndessert

250 g Mohn	sehr fein mahlen,
1/2 l Sojamilch	
(oder 1/4 l Sahne	
und 1/4 l Wasser)	erwärmen,
3 EL Honig, Salz	einrühren, die Hälfte über den
	Mohn gießen.
50 g Rosinen,	
50 g gehackte	
Mandeln	unterziehen,
12 Vollkornzwiebäcke	zerbröseln, mit der restlichen Honig-Sojamilch übergießen. Abwechselnd Mohn und Zwieback in Glasschüsseln füllen. Mit
geschlagenem Tofu	
oder Schlagsahne	servieren.

Nun ist aber endgültig Schluß, ich bedanke mich für Ihre Begleitung bei der hoffentlich abwechslungsreichen Reise durch die tierisch-eiweißfreie Vollwertküche und hoffe, Sie hatten viel Erfolg und Genuß dabei.

Über den Autor

Der Dipl. Ingenieur und Betriebswirt (VWA) Herbert Walker, Jahrgang 1946, entschloß sich Mitte der 80er Jahre aus ethischen Gründen zur vegetarischen Lebensweise und fand dadurch den Weg zur Vollwertkost.

Nach zwölfjähriger erfolgreicher Tätigkeit im Baugewerbe machte er 1988 durch die Übernahme des vegetarischen Vollwertrestaurants *Salatschüssel* in Heidenheim sein Hobby Kochen zum Beruf und wagte damit einen Neubeginn, der seiner persönlichen Lebenseinstellung entspricht.

Parallel dazu beendete er seine Ausbildung zum Gesundheitsberater (GGB).

Neben seiner Arbeit im Restaurant ist er mit Vorträgen und Kursen zum Thema „Vollwerternährung", aber auch mit Diavorträgen über Fernwanderungen aktiv.

Im Winter 90/91 erschienen seine beiden ersten Bücher, neben einem Kochbuch das Wanderbuch *Deutschland zu Fuß*, außerdem schreibt er für Zeitschriften.

Literaturverzeichnis

Unsere Nahrung - Unser Schicksal
Dr. med. M.O. Bruker
EMU-Verlag, Lahnstein

Allergien müssen nicht sein
Dr. med. M.O. Bruker
EMU-Verlag, Lahnstein

Biologischer Ratgeber für Mutter und Kind
Dr. med. M.O. Bruker, Ilse Gutjahr
EMU-Verlag, Lahnstein

Eiweiß-Speicherkrankheiten
Prof.Dr. Lothar Wendt
Sonderdruck aus „Der Vegetarier"
Nr.3,4,5/83

Studien mit Vegetariern 1987
Ernährung; Gesundheit; Lebenserwartung
Eine Zusammenstellung der Studien
der Universität Gießen,
des Krebsforschungszentrums Heidelberg,
des Bundesgesundheitsamtes Berlin.
Herausgeber: Vegetarier-Bund Deutschlands e.V.
Echo-Verlag, Göttingen

Rezeptindex

(alle vegan-geeigneten Rezepte sind mit * gekennzeichnet)

156

157

Restaurantführer und Kochbuch, also quasi zwei
Bücher in einem, ist „So kochen Könner".
38 Restaurants aus Deutschland, Österreich und der
Schweiz mit vollwertig-vegetarischer Küche stellen sich
vor und verraten ihre besten Rezepte und Menüs.
Das Buch lädt zum Nachkochen ein und informiert
gleichzeitig, wo man gut und gesund essen kann.

So kochen Könner, ISBN: 3-923176-61-9

Und wenn Sie auch tierisch-eiweißfrei
backen wollen:

Auch Backwaren lassen sich ohne Milch und Eier herstellen! Herbert Walker zeigt mit Rezepten für Brot und
Brötchen über Fladen, süße und pikante Kuchen bis hin
zu Torten und Gebäck, daß man auch bei einer tierisch-
eiweißfreien Ernährung nicht auf alle Gaumenfreuden
verzichten muß.

Herbert Walker:
Vollwertig backen mit Pfiff - ohne tierisches Eiweiß
144 Seiten, 19,80 DM, ISBN: 3-923176-79-1